Rudolf Lensing-Conrady

Kitaräume im Einklang von Bildung, Bewegung und Wohlbefinden

Handbuch einer psychomotorischen Raumgestaltung im Innen- und Außenbereich von Kitas und Krippen

Unser Buchprogramm im Internet: www.verlag-modernes-lernen.de

Externe Links
Der Verlag weist ausdrücklich darauf hin, dass eventuell im Text enthaltene externe Links vom Verlag nur bis zum Zeitpunkt der Buchveröffentlichung eingesehen werden konnten. Auf spätere Veränderungen hat der Verlag keinerlei Einfluss. Eine Haftung des Verlages ist daher ausgeschlossen.

Folgen Sie uns auf  

Gesamtherstellung in Deutschland: Löer Druck GmbH, Dortmund

Bestell-Nr. 1337 ISBN 978-3-8080-0921-5

Rudolf Lensing-Conrady

Kitaräume im Einklang von Bildung, Bewegung und Wohlbefinden

Handbuch einer psychomotorischen Raumgestaltung im Innen- und Außenbereich von Kitas und Krippen

Inhalt

1. Vorwort

Für wen werden Kindertagesstätten oder Krippen gestaltet, eingerichtet und/oder gebaut? Was für eine triviale Frage? Natürlich für Kinder!

Es wäre schön, wenn das so wäre, und in diesem Buch wird genau daran gearbeitet. Aber wir dürfen den Rahmen nicht vergessen, in dem das Kita-Geschehen stattfindet.

Zum Kita-Betrieb gehören neben den Kindern natürlich die Erzieher*innen, Eltern und andere Bezugspersonen, die/der Köch*in, die/der Gärtner*in oder die Reinigungskräfte mit ihren unterschiedlichen, aber auch berechtigten Interessen.

Mitunter weniger berechtigt, aber oft sehr maßgeblich, kommen Partikularinteressen von Trägern, Kommunen, Architekt*innen etc. hinzu, die die Gestaltungsprozesse beeinflussen, finanzieren, behindern oder ermöglichen und fördern.

All diese Interessenlagen versucht dieses Buch einzubeziehen, zu berücksichtigen oder abzuwehren. In dieser Gemengelage kann nur die notwendige Forderung, die Kinderinteressen absolut in den Vordergrund zu stellen, Richtschnur sein.

Dreh- und Angelpunkt der im Folgenden beschriebenen Vorschläge ist die Psychomotorik und ihre Sicht von der kindlichen Entwicklung. Diese pädagogische Grundposition wird in den dargestellten Bereichen immer wieder aufgegriffen und erklärt.
Seit die Psychomotorik ab den 80-er Jahren mehr und mehr die Praxis der Bewegungsförderung von Kindern in Kindertagesstätten beeinflusst hat, wurde auch die Frage dringlicher, wie geeignete Räumlichkeiten für eine solche ganzheitliche Förderung aussehen sollten. Hinzu kamen Probleme, die durch die Veränderung der Zielgruppe auf-

geworfen wurden: Wie soll den Veränderungen der Kindheit begegnet werden, die in einer Mischung aus Überfluss (Wissen, akustische und visuelle Wahrnehmungen, Zukunftsorientierung ...) und Defizit (rückläufige Bewegungserfahrungen, Kommunikation, Bindung ...) vielfältige Fragen aufwerfen, die immer auch den „3. Erzieher“[1], die pädagogisch genutzten Räume, betreffen. Nicht zuletzt bewirken gesellschaftliche Prozesse wie die Verjüngung der Zielgruppen oder die Forderung nach inklusiverer Ausrichtung aller pädagogischen Einrichtungen einen hohen Veränderungsbedarf. Hier kann und muss die Psychomotorik ihre Erfahrungen[2] in der Umsetzung einer Entwicklungsbegleitung von Kindern einbringen.

Für die Arbeit der Kindertagesstätten ist die Frage der Raumgestaltung immer aktuell, denn mit der Entwicklung der pädagogischen Konzeptionen, der Veränderungen der Bedürfnisse und Lernvoraussetzungen, die Kinder mit in die Kita bringen, verändern sich auch die Erfordernisse, die an die Räume gestellt werden.

In diese Richtung zielt sicherlich auch eine allmählich wachsende Nachfrage nach Natur- und Waldkindergärten, die ebenfalls ganz unterschiedlich gestaltet sein können. Auch hierzu werden in diesem Buch im Zusammenhang der Ausführungen zum Außengelände einige Perspektiven entwickelt.

---

1 **Der** Raum ist maskulin. Deshalb wird hier auf ein Gendersternchen, das im Buch überall dort verwendet wird, wo Geschlechterneutralität eine Rolle spielt, verzichtet.

2 *Mit einigen Projekten (Förderzentrum E. J. Kiphard (1992), Psychomotorische Kita Wolke 7 (1997), Förder- und Beratungsstelle Bonn Süd (2001), Fluvium Dortmund (2007) u. a. m.) entwickelte der Förderverein Psychomotorik Bonn die Vorstellung geeigneter Räumlichkeiten für unterschiedliche Zielgruppen und Zielsetzungen weiter und brachte diese Erfahrungen u. a. im Beirat des Projektes „Die gute und gesunde Kindertagesstätte“ der Bertelsmannstiftung ein. 2005 wurde aufgrund der steigenden Nachfrage die Fachgruppe PRAEGUNG© (Psychomotorische Raumentwicklung und -gestaltung) gegründet, die pädagogische Einrichtungen in Fragen der Raumgestaltung berät.*

In Bezug auf solche laufenden Entwicklungsprozesse finden Erzieher*innen, Eltern, Träger u. a. in diesem Buch Anregungen, die zum Teil recht unkonventionell erscheinen, in der Regel aber praxisbewährt sind. Das Rad wird ja nicht so oft neu erfunden – aber regelmäßig weiterentwickelt. Viele der vorgestellten Beispiele entstammen der gelebten Praxis einer großen Zahl einzelner Kitas[3], aus der sie hier zusammengetragen und mit eigenen Ideen ergänzt werden.

Kleine und große Ideen umzusetzen, erfordert immer wieder Reflexion, Energie und oft auch Mut. Umso beeindruckender und mutmachender ist das im Gastbeitrag von Melanie Ros und Vanessa Dehler (siehe Kapitel 8) beschriebene Beispiel einer kontinuierlichen Weiterentwicklung des Raumkonzeptes in ihrer Einrichtung.
Hier wird noch einmal deutlich, wie verwoben konzeptionelle und räumliche Vorstellungen in einer lebendigen Kindertagesstätte sind.

Mit dem Recht auf Kitaplätze schon für Kleinkinder wurde auch ein Bau-Boom für zusätzliche Betreuungsplätze ausgelöst. Ergänzend zu Krippen und Tagesstätten stellen Tagesmütter ihre entsprechend vorbereiteten und gestalteten Räume für Kleinkinder zur Verfügung. Auch für diesen nicht zu vergessenden Betreuungsbereich will dieses Buch praktizierbare und weiterbringende Hinweise geben.
Darüber hinaus werden in großer Zahl Kitas erweitert oder zusätzlich gebaut. Und dies oft mit einem Zeitdruck für Träger und Kommunen, die manche qualitative Komponente in den Hintergrund rücken lassen.

Neben den Veränderungs- und Gestaltungsperspektiven für die bestehenden Einrichtungen will dieses Buch deshalb auch erfahrungsgetragene Hinweise für die Neuplanung und den kindgerechten Bau von Kindertagesstätten und Krippen geben.

---

3 Den vielen Kitas, die uns Einblick in ihre Praxis gegeben haben, sei an dieser Stelle herzlich gedankt.

2. Einführung

Unter Raumgestaltung verstehen wir den zweckbestimmten Bau von Räumen ebenso wie das gezielte Herrichten dieser oder bereits bestehender Räume. Ziel ist es, dass wir unsere Vorhaben und unseren Auftrag, vor allem das Lernen und die Förderung von Kindern zu ermöglichen und objektiv wie subjektiv zu verbessern, gezielt unterstützen. Der pädagogische Alltag soll leichter, angenehmer und effektiver werden. Das ist umso wichtiger, je mehr wir den pädagogischen Beitrag des „dritten Erziehers“, wie Räume in der Pädagogik auch gerne genannt werden, erkennen. Der Begriff „dritter Erzieher“ stammt aus der Reggio-Pädagogik und hat nichts mit einer Reihenfolge zu tun. Er beschreibt den Einfluss, den Räume neben den menschlichen und professionellen Beziehungen zwischen Pädagog*innen und Kindern sowie den pädagogischen Konzeptionen auf den Erziehungsalltag haben.
Räume, die wir so für unsere Arbeit gestalten, haben nicht notwendigerweise Mauern. In diesem Fall wären sie Innenräume. Raumgestaltung bezieht sich auf alle für die Arbeit nutzbaren Räume. Und das sind im Kita-Bereich gerade auch die Flächen des Außengeländes, manchmal auch noch die Welt darum herum. In eigenen Kapiteln geht dieses Buch auf die besonderen Situationen und jeweiligen Vorteile von Innen und Außen ein.

■ *Zum Verhältnis von Raumnutzung und Raumgestaltung*
Welchen Wert die vorhandenen Räume für die Bewältigung der Kitaaufgaben haben, hängt auch von Entscheidungen ab, wie diese Räume genutzt werden sollen. Wenn etwa ein großer Flur zur Verfügung steht, sollte der auch in die pädagogische Arbeit mit einbezogen werden. Dabei ist die Zuteilung einer pädagogischen Funktion nicht beliebig. Die eine sollte der anderen nicht dauerhaft im Wege stehen (s. Abb. S. 14 und 15).

Umgekehrt beschreibt die Frage, wie nutzbar die zur Verfügung gestellten Räume sind, eine wesentliche Aufgabe für Architekt*innen

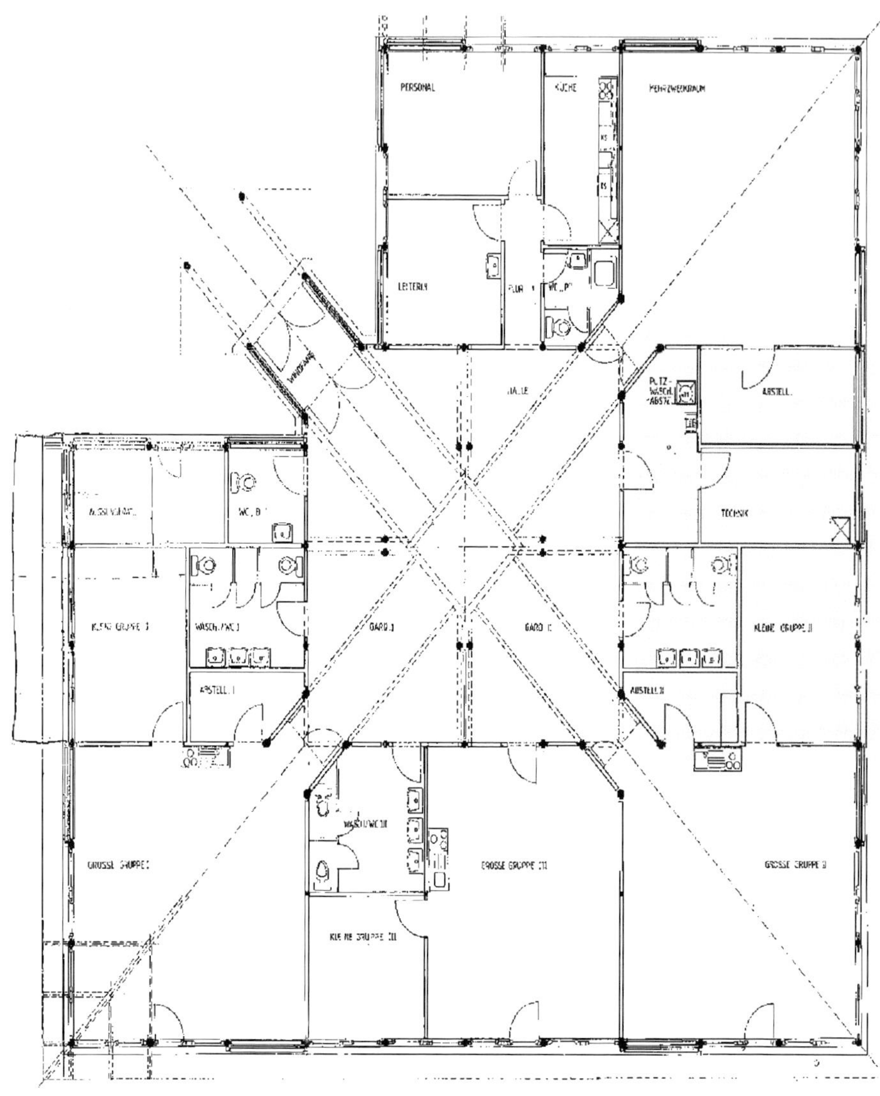

In diesem Fall wurde mit dem gut gemeinten Ziel, den großen Eingangs- und Flurbereich der Kita mitzunutzen, eine falsche Entscheidung getroffen: Der Raum für das Bauen und Konstruieren wurde mit viel Material, Regalen und Zaunelementen so abgetrennt, dass im umlaufenden Flur einfach zu wenig Raum für andere notwendige Funktionen (Zugang zu den Räumen, Umkleidemöglichkeiten und Elterngespräch – siehe Foto) blieb. Die Nutzung von Fluren ist oft möglich und notwendig, muss aber flexibler angelegt sein (s. u.).

Der Bauraum ist eingerichtet …

… geblieben ist ein schmaler Flur

In diesem Fall entstehen enge, für die pädagogische Arbeit nicht nutzbare Räume durch architektonische Vorgaben: Lichtschächte verringern die nutzbare Fläche im Obergeschoss erheblich und zwingen zu Sicherheitsmaßnahmen, um Stürze zu vermeiden.

und Planer*innen, die des Öfteren wenig bedacht erscheint (s. Abb. oben).

Eine zentrale Frage für die Raumgestaltung ist die Bestimmung der Funktionen: Wofür wollen wir diesen oder jenen Raum genau nutzen? Handelt es sich um Einzelfunktionen („Funktionsräume" wie Turnhalle, Küche, Bauraum oder Sandkasten ...) oder Mischnutzungen (Eingangs- oder Mehrzweckhallen, Flure, Spielwiese ...)? Und dann ist, am besten im Team, zu klären, welche Funktionen aus der eigenen

Sicht und Wertung auch wirklich wichtig sind. Wie intensiv wird dieser oder jener Raum genutzt werden? Je genauer wir diese Funktionen benennen können, umso leichter fällt die diesem Zweck/diesen Zwecken dienliche Gestaltung.

■ *Funktionalität versus Flexibilität*

Zu einem Konzept früher Bildung gehört eine breite Sicht auf kindliche Bedarfe, die, auch wenn sie einem ganzheitlichen Verständnis von Bildung folgen, unterscheidbar sind und Bedingungen an die Räume stellen, in denen sie realisiert werden sollen. So lassen sie sich dann auch einzelnen idealen Raumfunktionen zuordnen. Auf der anderen Seite kann auch eine gut situierte Kita nicht so viele Räume anbieten, dass für jeden Bedarf ein Raum genutzt werden könnte. Gefragt sind also Kompromisse für eine Funktionsteilung mancher Räume. Sie könnten darin liegen, dass zueinander passende Nutzungsinhalte gesucht werden – so nach dem Prinzip „Gute Nachbarn“ (Ruhen/Lesen und Vorlesen) und „Schlechte Nachbarn“ (Ruhen und Toben) oder aber Ideen, wie der Raum mit möglichst einfachen Mitteln „umgeschaltet“ werden kann. Beispiele dafür finden sich zahlreich in diesem Buch, z. B. Schiebetüren, die Platz sparen und/oder Raumkonstellationen verändern (vgl. S. 42), Sitzgelegenheiten, die auch als Bewegungsmobiliar dienen (vgl. S. 41) oder die Raumaufteilung regeln (vgl. S. 38/39 Bänke Wolke 7).

■ *Inklusion als Gestaltungskriterium*

Dass kindliche Bedürfnisse altersspezifisch sind, muss hier nicht erläutert werden. Auch ist eine integrative Kita mit Kindern in diversen Behinderungssituationen anders zu betrachten als die Regeleinrichtung. Für die Raumgestaltung und die Gestaltungsvorschläge in diesem Buch ist die Frage von Bedeutung, inwieweit und in welchen Bereichen spezifisch auf die Alters- und Entwicklungsbedingungen eingegangen werden soll. Auch bei einer inklusiven, schrankenlosen Grundausrichtung brauchen unterschiedliche Körpergrößen unterschiedliche Möbelmaße (vgl. S. 96). Wickel- und Pflegebedarf gehen mit besonderen Installationen einher (vgl. S. 101). Bewegungsbeeinträchtigungen erfordern geeignete Zugänge.

Vor der Festlegung auf spezifische Gestaltungsantworten sollte aber immer die Frage stehen, wie multifunktionale, im Hinblick auf spezifische Nutzungsinteressen und -bedingungen veränderbare Konstellationen geschaffen werden können. Funktionalität und Flexibilität müssen keine Gegensätze sein. Auf Multifunktionalität wird in den Vorschlägen dieses Buches besonderer Wert gelegt.

- *Geschmack – Raumgestaltung ist subjektiv*

Machen wir uns nichts vor. Wir haben recht unterschiedliche Geschmäcker und Vorstellungen von dem, was wir als schön und wichtig empfinden. Unser Bezug zu Farben, Formen, Materialqualitäten u. a. m. ist individuell geprägt. Diese Subjektivität ist auch für die Raumgestaltung von Bedeutung, denn sie schafft emotionale Nähe und Wertgefühl. In welchem Raum fühlen Sie sich wohl?
Natürlich sind auch die in diesem Buch entwickelten Vorschläge nicht objektiv. Sie sind weder allgemeingültig noch verbindlich. Sie sind gut gemeinte, aber auch begründete und oft erfahrungsbewährte Vorschläge, zu denen man/frau sich positionieren kann und soll. Den objektivierbaren Rahmen für die Überlegungen zur Raumgestaltung bilden die Bedürfnisse und Bedarfe von Kindern, Erzieher*innen und anderen Beteiligten. Beidem, unserem Geschmack und den Bedürfnissen insbesondere der Kinder, gilt es, gerecht zu werden.

- *Konzeptionelle Einflüsse auf die Raumgestaltung*

Die als Kindertagesstätte genutzten Räume sollen es dem Team erlauben und erleichtern, konzeptionelle Vorhaben für und mit Kindern bestmöglich umzusetzen.
Damit ist klar, dass Konzeption und Raumgestaltung in enger Wechselwirkung stehen. Es ist selbstverständlich, dass es unterschiedliche Anforderungen für die Raumgestaltung einer Kinderkrippe, eines Tagesmutter-Betriebes, eines Familienzentrums oder eines Aufenthaltsraumes im Waldkindergarten gibt. Der Waldorfkindergarten setzt andere Schwerpunkte als etwa die BewegungsKita eines Sportvereins, konfessionelle Kitas oder eine Tagesstätte im Stadtteil mit besonderem Erneuerungsbedarf.

Dieses Baupodest ist sicher zweckmäßig, dominiert aber den Raum.

Unabhängig von solchen Trägerhintergründen ist in einem gruppenorientierten Regelbetrieb kaum vorstellbar, dass ein großes, ein Viertel des Raumes einnehmendes Baupodest fest in den Gruppenraum eingebaut wird.

Zu groß erscheint der alle anderen Angebotsbereiche einschränkende Einfluss. Sinn macht ein solches Podest erst in einem Funktionsraum, der als „Bauraum" vornehmlich diesem einen Zweck dient. Hier trägt das Podest dazu bei, für diese Funktion optimale Bedingungen zu schaffen.
Auch wenn der Autor dieses Buches von den Vorteilen einer mindestens teiloffenen Konzeption überzeugt ist, in der das Einrichten spezifischer Funktionsräume das qualitativ hochwertige Angebot unterstützt, sollen Leser*innen in diesem Buch Gestaltungsanregungen

finden, die auch unabhängig von der konzeptionellen Ausrichtung gewinnbringend umsetzbar sind.

- *Stringenz von Konzeption und Raum*

In der 10-jährigen Forschungstätigkeit der Projektgruppe „Die gute und gesunde Kindertagesstätte“[4] zeigte sich, dass die Frage, was denn nun eine gute und gesunde Kindertagesstätte ausmache, nicht so sehr mit der Konzeption und Angebotsstruktur zu begründen ist, als vielmehr der Stringenz (Durchgängigkeit und Stimmigkeit) aller erzieherischen Komponenten, insbesondere Konzeption, Team und Raum.

Wie eine solche Stringenz gezielt entwickelt werden kann, zeigt das Beispiel der Anne-Frank-Kita in Nümbrecht, die sich über den Prozess einer Zertifizierung als „Psychomotorische Kindertagesstätte“[5] zu einer besonders stimmigen und kreativen Kita entwickelte (siehe Bericht von Vanessa Daehler und Melanie Ros ab Seite 197).

4 Im Projekt „Die gute und gesunde Kindertagesstätte“ der Bertelsmann Stiftung beschäftigten sich Fachleute aus verschiedenen Bereichen mit der Definition von Bedingungen, die eine Kindertagesstätte heute für die optimale Förderung von Kindern erfüllen sollte.

5 Die Zertifizierung als „psychomotorische Kindertagesstätte“ wird seit gut 15 Jahren vom Institut für angewandte Bewegungsforschung im Förderverein Psychomotorik Bonn angeboten.

3. Dreh- und Angelpunkte der Raumgestaltung in der Kita: Bewegung – Bildung – Wohlbefinden

Psychomotorische Vorstellungen von pädagogisch genutzten Räumen bewegen sich bewusst in der Aufgabe, aus einem Dreiklang von Bewegung, Bildung und Wohlgefühl einen Einklang zu machen. Das eine Ziel ist ohne das andere nicht erreichbar. Dies setzt allerdings eine umfassende Sinngebung dieser Dimensionen voraus. Verwechseln wir etwa Bewegung mit Sport, steht der Bezug zur Bildung zumindest in Frage. Verwechseln wir Bildung mit Wissen, wird Wohlgefühl zum Randproblem. Verwechseln wir Wohlfühlen mit Bequemlichkeit, brauchen wir Bewegung nur am Rande.

Notwendige, sich ergänzende und verstärkende Zusammenhänge ergeben sich erst in einer erweiterten Perspektive, die zwar die Überlappung und wechselseitige Abhängigkeit von Bildung, Bewegung und Wohlgefühl immer im Blick hält, aber jede der drei Säulen gesondert in den Blick nimmt. Deshalb sollen im Folgenden diese drei Dreh- und Angelpunkte unserer Vorschläge in ihrer Sinnstiftung für die Raumgestaltung einzeln näher erläutert und mit Beispielen aus der Praxis veranschaulicht werden.

3.1. Kinder brauchen Bewegung – Die Kita als Bewegungsort

Bewegung ist der Motor der Gehirnentwicklung und das Kind lernt über das Greifen das Begreifen – beides keine neuen Erkenntnisse. Allerdings belegen viele Forschungsergebnisse diese Annahmen inzwischen immer differenzierter, sodass sie als gesichert gelten können. Sie unterstreichen die Notwendigkeit, Kindern bewegungsintensive Erfahrungsräume zu ermöglichen, die ihnen helfen bei

- der Bewältigung des Daseins,

- der Entdeckung des Ichs,
- dem Aufbau von Körperwahrnehmung,
- der Körperkontrolle sowie
- der sozialen Bindung.

Es sind Erfahrungsräume, die den jeweiligen Lebensthemen und ihrem Entwicklungsstand entsprechen und solange zur Verfügung stehen sollten, wie sie von den Kindern individuell benötigt werden. Doch hieran scheitert es nicht selten: Im Strudel knapper zeitlicher Ressourcen und wachsender Anforderungen auch im Kita-Alltag ist die Gefahr hoch, dass nicht genügend Raum für eine individuelle „Entwicklung“ bleibt, die auch mit individuell unterschiedlichem Zeitbedarf einhergeht. Die kindliche Entwicklung ist in diesem Zusammenhang vergleichbar mit einer im Bau befindlichen Mauer: Ein Stein baut auf den anderen auf. Die eine oder andere Lücke ist nicht so schlimm, aber eine ganze Reihe darf nicht fehlen! Um es mit Goethe zu sagen: „Wer das erste Knopfloch verfehlt, kommt mit den Zu-

knöpfen nicht zu Rande." Aufgabe der Kita ist deshalb, alle „Bausteine der Entwicklung" zur Verfügung zu stellen, nicht nur einige spezifische.

Wenn hier von Bewegung gesprochen wird, handelt es sich um eine ganzheitliche, psychomotorische Vorstellung von Bewegung. Die psychomotorische Perspektive einer bewegten Schule der Sinne geht aus vom Bewegungsspaß, der Kinder in ihren Entdeckungen und ihrer Neugier beflügelt. Längst ist bekannt und nachgewiesen, dass dieser Spaß von besonderer pädagogisch-therapeutischer Wirkung ist (vgl. Zimmer 2019).

Im Mittelpunkt der am Bewegungsdrang der Kinder ansetzenden, im Weiteren jedoch andere Persönlichkeitsbereiche (Wahrnehmungsfähigkeit, Selbstbewusstsein, Gleichgewicht, Spannungsregulation, Konzentration u. a. m.) einbeziehenden Methodik steht die Förderung der Persönlichkeitsentwicklung und Handlungsfähigkeit des Kindes. Hier spielt der Erwerb dreier Kompetenzen, die miteinander in Verbindung gebracht werden müssen, eine entscheidende Rolle:

- Ich-Kompetenzen bedeuten, seinen Körper wahrnehmen, erleben, kennen lernen und mit ihm umgehen zu können. Ein positives Körper- und Selbstbewusstsein und die Erfahrung einer Selbstwirksamkeit sind Voraussetzungen für die seelische und körperliche Entwicklung.
- Sach-Kompetenzen helfen, die Umwelt wahrnehmen und mit ihr umgehen zu können, sich an Umweltgegebenheiten anpassen, sie aber auch verändern zu können. Erfahrungen mit Dingen um sich herum sind umso intensiver, je selbstbestimmter und vielseitiger der Zugang möglich ist. Nicht eine spezielle Technik, sondern die Vielfalt der Verwendungsmöglichkeiten einer Sache steht in der Psychomotorik im Vordergrund.
- Sozial-Kompetenzen bedeuten, Sach- und Ich-Kompetenzen sozialverträglich einbringen zu können. Der aktuellen Veränderung gesellschaftlicher Werte entsprechend haben Kinder gerade mit diesem Bereich oft Schwierigkeiten. Auch andere

wahrnehmen, sich ihnen anpassen, mit ihnen sinnvoll umgehen, seine Meinung vertreten, zurücknehmen oder vielleicht auch durchsetzen zu können, sind wichtige Lernziele.

Die sinnvolle Verquickung dieser Kompetenzen ist es, die Persönlichkeit ausmacht. Psychomotorische Angebote versuchen, diese Gemeinsamkeit im Blick zu halten und immer vom Kind und seinen Stärken auszugehen. Besonders im Blick dieser Bewegungsvorstellung sind die Förderung von Gesundheit und die Entwicklung einer Resilienz, die ein Kind befähigt, den Schwierigkeiten des Alltags zu widerstehen.

Wie unterstützt nun eine psychomotorische Bewegungspraxis die Widerstandsfähigkeit von Kindern? Die Bedeutung des oben aufgezeigten psychomotorischen Blickwinkels für die Ausbildung oder Unterstützung resilienter Eigenschaften beim Kind werden von aktuellen Forschungsergebnissen unterstrichen. Als wirksame Resilienzfaktoren wurden folgende Bereiche identifiziert (Fischer/Fröhlich-Gildhoff 2013, Rönnau-Böse/Weltzien 2013):

1. Selbstwahrnehmung (Körperbewusstsein, angemessene Selbsteinschätzung, Erkennen und Einordnenkönnen von Stimmungen und Gefühlen),
2. Selbstwirksamkeit (Erfolge auf eigenes Handeln zurückführen können; auf Erfahrung begründete Überzeugung, Anforderungen bewältigen zu können),
3. Selbststeuerung (Regulation von Gefühlen, Aktivierung und Beruhigung, Handlungsalternativen kennen),
4. Soziale Kompetenz (Beziehungen aufbauen, Konfliktlösung, Selbstbehauptung, Organisation von Unterstützung und Kooperation),
5. Problemlösen (Fähigkeit zu realistischer Zielsetzung, allgemeine Strategien zur Analyse und Bearbeitung von Problemen),
6. Umgang mit Stress (Fähigkeit zur Realisierung vorhandener Kompetenzen in Stresssituationen, Kohärenzgefühl [Antonovsky 1997]).

Genau in diesen Bereichen wurde die Wirksamkeit psychomotorischer Bewegungspraxis beschrieben (vgl. Zimmer 2019 b) und empirisch nachgewiesen. Aus diesem Grund kommt es darauf an, dass Bewegung nicht als additives Element den anderen Bereichen zugesellt wird, sondern die gesamte Kita erfüllt.

Sogar das Treppenhaus kann Bewegungsraum sein! In diesem Beispiel wurden auf eine bestehende Kita zusätzliche Krippenräume gebaut. So entstand der Bedarf nach einem Treppenhaus. In einem gemeinsamen Projekt von Fachfirma, Team und Eltern wurde dieses „andere" Treppenhaus gebaut. Es dient jetzt nicht nur als Weg zwischen den Etagen, sondern bietet attraktive Bewegungsanlässe, vor allem für die Kinder.

Im Hinblick auf die zunehmende Verschiebung der Kitaarbeit in den Kleinkind- und Krippenbereich sei auf diese Zielgruppe und ihre Bewegungsbedürfnisse besonders geschaut. Kleinkinder entwickeln ihre Sensomotorik und Handlungsfähigkeit über vielfältige spielerische Bewegungsaktivitäten. Vor allem in dem frühen Stadium der sensorischen, psychomotorischen und geistigen Entwicklung von U3

Kindern geht es zunächst um archaische Bewältigungsmuster, die helfen, mit den physikalischen Lebensbedingungen zurecht zu kommen. Diese Aktivitäten lassen sich in drei Dimensionen einteilen (vgl. Ayres 1984), die sich als Identifikationsprozess mit den Flieh- und Schwerkräften dieser Erde deuten lassen: Die Kinder suchen nach Gelegenheiten Beschleunigung zu erfahren, also nach Geschwindigkeitsunterschieden, wie sie sich auf Rutschen, Rollbrettern, Rollern, Laufrädern u. a. m. erleben lassen. In einem zweiten Bereich suchen Kinder nach Möglichkeiten, sich um ihre Körperachsen zu drehen – so schnell, wie es geht. Sie brauchen dafür Karussells, schiefe Ebenen oder, wie im Fall des weit verbreiteten „Mühlespiels", andere Kinder. Die dritte Dimension geht von Schwingungen aus, wie sie z. B. mit Hilfe von Schaukeln, Hängematten, Fendern, Strickleitern oder einfach mit einem herunterhängenden Seil erlebt werden können (vgl. Lensing-Conrady 2001).

Für diese Suchbewegungen muss jeder Kita-Raum vielfältige Anlässe bieten. Es reicht insbesondere für die Altersgruppe der U3-jährigen Kinder nicht, eine entsprechende Turnhalle vorzuhalten, der Bewegungsraum muss der Gruppenraum selbst sein. Hieraus folgt selbstverständlich, dass der klassische „Hutschachtelraum" mit ebenem Fußboden und unbespielbarer Decke so verändert werden muss, dass er die genannten Aktivitäten unterstützt (vgl. Pikler 2001).

Die Entscheidung, ob über spezifische Funktionsräume nachgedacht wird oder aber multifunktionale Gruppenräume eingerichtet werden sollen, hängt von der Konzeption der Einrichtung ab. Wesentlich ist, dass möglichst alle für die kindliche Entwicklung wesentlichen Bewegungsdimensionen zum Angebot kommen. Jede Kindertagesstätte sollte ein „Bewegungskindergarten" sein (vgl. Zimmer 2022). Ein spezifischer Raum als „Turnhalle" ist ein wohl wünschenswertes, aber kein notwendiges Kriterium einer guten gesunden Kindertagesstätte, falls andere Möglichkeiten zur Bewegung ausreichend genutzt werden können.

3.2 Kinder brauchen Bildung – Die Kita als Lernort

Unter dem Slogan „Bildung von Anfang an" entwickelte sich in den letzten 20 Jahren eine Vorstellung von Selbstbildungsprozessen (Schäfer 2016), mit denen Kinder die Welt auf ihre Weise und mit ihrer Gewichtung entdecken. Ort früher Bildungsprozesse zu sein, heißt auch, nicht nur auf die Bildungsinhalte selbst zu schauen, sondern die für alle Bildungsprozesse grundlegenden Entwicklungsstrukturen in den Blick zu nehmen. Die Ulmer Forschungsgruppe um den Neurowissenschaftler Manfred Spitzer definiert sogenannte exekutive Funktionen als Grundlage der Selbstregulation, die es vor allem ermöglichen, spontane Impulse zu hemmen, verschiedene Lösungswege zu akzeptieren und abzuwägen sowie flexibel zu reagieren, wenn etwas Unvorhergesehenes eintritt (vgl. Bauer u. a. 2016). Als zentrale Gehirnprozesse ermöglichen diese Funktionen die Steuerung des Denkens und Handelns. Daraus leiten sie bildungsrelevante Vorschläge für die Elementarpädagogik und insbesondere auch für die Raumgestaltung in Kindertagesstätten ab.

Sicher ist die Kindertagesstätte ein Ort der Bildung und des Lernens. Hier ist natürlich ausschlaggebend, was wir unter Lernen verstehen. In einem psychomotorischen Paradigma ist Lernen insbesondere in frühen Lebensjahren ein Selbstbildungsprozess, für den die Kita gewissermaßen den Boden bereitet. Hierzu muss die Forderung „den Sinnen Raum geben" wörtlich und elementar umgesetzt werden – und nicht in erster Linie mit „durchdidaktisierten" Lernmitteln.

Ein Beispiel: In einschlägigen Lernmittelkatalogen oder auch auf Bildungsmessen werden (z. T. für erhebliche Preise) bereits für die Kita spezifische Lehrmittel angeboten, in denen elementare Erfahrungen mit speziellem Instrumentarium und didaktischem Begleitmaterial besonders gute Lernbedingungen eröffnet werden sollen. So etwa ein Lehrkasten zum Basiswissen „Wasser", in dem einige Reagenzgläschen, einige weitere Glasgefäße, Pipetten und vor allem Anleitungsheftchen für 12 Experimente für 178,– Euro zu haben ist. Natürlich ist dies kein Selbstbildungsvorgang, aber nicht wenige Eltern applaudieren angesichts einer naturwissenschaftlichen Exploration, wie sie sie selbst in der gymnasialen Oberstufe erlebt haben. Was für ein „Fortschritt“!

Aber wir sind in einer Kindertagesstätte, in der, um beim Thema „Wasser“ zu bleiben, ein möglichst breiter Zugang zum Element Wasser geschaffen werden sollte, damit Kindern ein diesbezüglicher Selbstbildungsprozess eröffnet wird. So können Waschräume auch als Wasserspielbereich dienen und damit eine Verbindung von Spaß, Elementarerfahrung und Hygiene herstellen. Dass Waschbecken in unterschiedlicher Höhe montiert und damit unterschiedlichen Körpermaßen gerecht werden, sollte eine Selbstverständlichkeit sein. Waschrinnen sind den Einzelbecken in ihrer pädagogischen Nutzbarkeit deutlich überlegen. Ganz zu schweigen von Bade- und Spielbe-

Badelandschaft im Krippenwaschraum

Diese Waschrinne wird im Waschraum einer Krippe auch als Lern- und Experimentierfeld zum Thema Wasser genutzt.

cken, wie sie im Krippenbereich diskutiert und auch schon oft realisiert werden. So gesehen kann der Waschraum der geeignetste Lernraum für Wassererfahrungen in der Kita werden.

Es sind oft kleine Dinge, die Räume multifunktional machen und im psychomotorischen Sinn wirken. Wenn etwa, um am Beispiel des Sanitärbereiches zu bleiben, alle Wasserhähne und Mischbatterien unterschiedlich funktionieren, so werden eben auch an Wahrnehmung und Bedienmotorik neue Anforderungen gestellt.

Bildung ist ganzheitlich, komplex und vielschichtig. Um in dieser Vielfalt den Überblick zu bewahren und alle Bildungsebenen zu erreichen, ist es sicher hilfreich, Bildungsbereiche zu beschreiben. Sie stehen zwar in wechselseitigen Beziehungen zueinander, helfen aber, die einzelnen Bereiche nicht zu vernachlässigen und genauer in den Blick zu nehmen. Solche Systematisierungen werden unterschiedlich vorgenommen. Eine auch aus dem Interesse eines weichen Übergangs von Kita und Schule gut begründete Einteilung in 10 Bildungsbereiche findet sich in den aktuellen „Bildungsgrundsätzen" des Landes NRW (s. Abb. S. 30).

Bildung wird auch hier als ganzheitlicher Prozess verstanden, der für Kinder im Vorschulalter am ehesten in themenübergreifenden Projekten und einem laufenden Aufgreifen von erlebten Alltagssituationen initiiert wird. Räume können und sollen alle Bildungsebenen unterstützen, indem sie Projektarbeiten und Alltag vielfältig, interessant und in geeigneter Form erlebbar machen.

Funktionsräume bieten für eine bestimmte Aufgabenstellung gute Lernfelder, aber nicht in erster Linie durch die Fülle einschlägiger Materialien und Gerätschaften, sondern dadurch, dass sie für den explorativen Umgang mit solchen Materialien bestmögliche und reale Bedingungen schaffen.

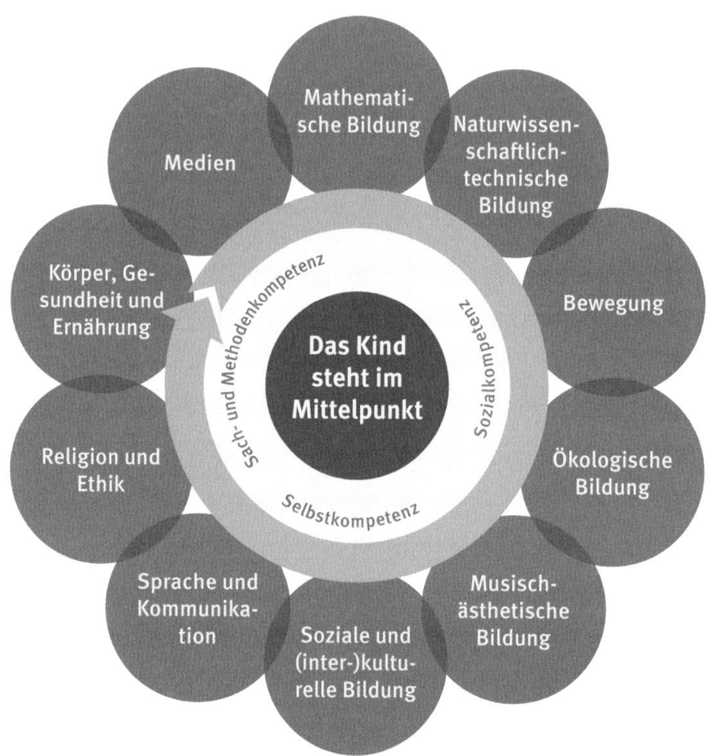

Grafik nach: Ministerien für Schule und Bildung sowie Kinder, Familie, Flüchtlinge und Integration des Landes NRW (2018). Bildungsgrundsätze für Kinder von 0 – 10 Jahren. Freiburg: Herder

3.3 Kinder wollen und sollen sich wohlfühlen – Die Kita als Lebensort

Dass das Lernen in einer sozial gesicherten, als angenehm empfundenen Atmosphäre effektiver ist, belegen Forschungsergebnisse (vgl. Hüther 2010, Hurrelmann 2018), spielt aber leider in der auch den pädagogisch genutzten Gebäuden zugrunde liegenden „Betriebsstätten-Verordnung" keine Rolle. So wird hier eine Lux-Zahl für die Helligkeit festgeschrieben, nicht aber die Lichtqualität selbst und ihre Eignung für einen pädagogischen Zweck.

Das mag daran liegen, dass das Wohlgefühl als ein weicher und subjektiver Faktor gesehen wird, der sich wissenschaftlich schwer nachweisen lässt. Subjektiv wird von vielen empfunden, dass Wohlfühlen und Lernerfolge in unmittelbarem Zusammenhang stehen. Die Situation ist noch der ähnlich, die Renate Zimmer 2002 mit einer Veröffentlichung „Toben macht schlau“ erlebte. Sie wurde dafür kritisiert, dass der Zusammenhang zwischen Bewegung und geistiger Entwicklung doch eine Annahme sei, die zwar gewünscht, aber in weiten Teilen nicht bewiesen werden konnte. Heute, zwanzig Jahre später, sind die wissenschaftlichen Belege dieser These zahlreich und dicht geworden.

Noch vor wenigen Jahren wurde einer städtischen Kindertagesstätte mitgeteilt (und dann auch in die örtliche Tageszeitung lanciert), dass ihr Wunsch, im Zuge einer Renovierung den Flur und die Eingangshalle mit Wandleuchten auszustatten, abwegig sei, da dies reine „Ambiente-Leuchten“ seien, die vielleicht privat wünschenswert seien – aber doch nicht in einer Kita! Solche Einstellungen sind nicht mehr zeitgemäß. Eine für alle Beteiligten als angenehm empfindba-

Versunken im Schaumgefühl

re Atmosphäre herzustellen, ist eine der wesentlichen Aufgaben der Raumgestaltung. Das Wohlbefinden wird als ein zentraler Bestandteil des Lernens gesehen, der über die nachweisliche Förderung exekutiver Funktionen (vgl. Bauer u. a. 2016) Bildungsvoraussetzungen schafft.

Dies korreliert mit den Untersuchungen Antonovskys (1997) zur Gesundheit und Widerstandskraft von Kindern, die in einem Lernsystem dann zunehmen, wenn die Kinder ein Gefühl von Kohärenz (vgl. S. 24/186) entwickeln, das man mit Wohlgefühl beschreiben kann.

Eine „gute" Einrichtung kommt nicht „von der Stange"[6]. Die eine ist nicht wie die andere. Im Gegenteil: es gibt kaum zwei gleiche Einrichtungen, und das ist gut so. Wie Personen sollten auch Räume individuell sein, offen für Individualität, für die Wünsche und Bedürfnisse der Bewohner*innen, sofern sie in den konzeptionellen Rahmen integrierbar sind.

Eine solche Individualität steht der Zweckmäßigkeit nicht im Wege, aber sie kann nicht in einsamen Träger-Architekten-Entscheidungen entstehen, sondern in Partizipationsprozessen: Aus der Situation vor Ort, aus der Unterschiedlichkeit der Kinder, aus den Leidenschaften des Teams, den Interessen der Eltern, den konzeptionellen Vorstellungen etc. erwachsen im Idealfall jeweils unterschiedliche Räume, die als lebensnahe Umgebungen eine Vielfalt von Lerngelegenheiten in für alle angenehmer Umgebung eröffnen. Die Optimierung dieser Räume im Hinblick auf die Verbesserung der Lernsituation und Lernumgebung ist ein ständiger Prozess.

6 Es sei mit diesem Sprachgebrauch an eine Zeit weit vor Zalando und Co. erinnert, in der Kleidung derselben Machart und Konfektionsgröße in großer Zahl auf Kleiderstangen aufgereiht im Einzelhandel auf Käufer*innen warteten.

4. Räume für Kinder – Aspekte einer Innenraumgestaltung

Kindertagesstätten sind Lebensorte für Kinder und Erzieher*innen in einer wesentlichen und umfangreichen Zeitspanne. Kinder erleben hier einen Großteil ihrer täglichen Wach- und Lernzeit. Erzieher*innen verbringen und arbeiten hier durchschnittlich zwischen 4 und 8 Stunden. Entsprechend bedeutsam ist, dass diese Orte angenehm und geeignet sind.
Die Räume der Kita müssen Orte für möglichst vielfältige Erfahrungen von Kindern sein. Sie sollen Anlässe bieten für Wahrnehmung und Bewegung. Sie dienen als Ort für die Initiierung und Unterstützung von Lernprozessen.
Entsprechend der Grundstruktur dieses Buches werden die Kitaräume nach der Behandlung übergreifender Gestaltungsmomente aus den Blickwinkeln von Bewegung, Bildung und Wohlbefinden betrachtet. Wie bereits besprochen, sind diese Kategorien nicht trennscharf. Vielmehr gehen sie immer wieder ineinander über und greifen in den jeweils anderen Bedeutungszusammenhang ein.

Angesichts der Tatsache, dass die in Kita und Krippe zu begleitenden Kinder in den letzten Jahrzehnten immer jünger geworden sind, wird die Altersgruppe U3 mit ihren besonderen Bedürfnissen berücksichtigt (Kap. 4.5 ff.). Diese besonderen Aspekte sind eingebettet in die nachfolgenden Betrachtungen für Innenräume zu sehen.

4.1 Übergreifende Gestaltungsmomente für die Innenräume

4.4.1 Individualität

Kindertagesstätten spiegeln die Zeit, in der sie entstanden sind. Sie haben, ob Alt- oder Neubau, in der Regel sehr unterschiedliche Räume. Es gibt zwar Kriterien für die Gruppengröße, nicht aber für die

Positionierung im verfügbaren Gelände, für die Grundrisse, Raumformen und Ausstattungen. So ist fast jede Kita einzigartig. Dass sollte sich auch nicht ändern, denn zum einen sind die jeweiligen Bedingungen unterschiedlich, zum anderen bietet die Individualität Gestaltungsfreiheit zum Beispiel für die pädagogischen Teams, aber auch für Architekt*innen, Baubeauftragte der Träger usw. Und hier liegen Chancen, pädagogische Konzeptionen in den Räumen umzusetzen. So kann beispielsweise in einem „Kükelhaus[7]-Kindergarten" die Entscheidung getroffen werden, die Fußbodenbeläge nicht einheitlich mit Kautschukböden zu belegen (und damit komplett eben zu machen), sondern mit Naturkacheln zu fliesen, die mit ihrer naturgegebenen Unebenheit höhere Ansprüche an das Gleichgewichtssystem der darauf Laufen lernenden Kinder stellen. Damit sind sie lernintensiver und – um in der Sprache von Hugo Kükelhaus zu bleiben –, halten die „Sinne wach".

So wenig wie Kindertagesstätten einheitlich gebaut sind, so wenig kann dies für ihre Einrichtung gelten. Damit kann es auch nicht sinnvoll sein, den Einrichtungsbedarf beispielsweise für einen Gruppenraum nur an der Kinderzahl festzumachen. 24 Kinder? – da brauchen wir 24 Stühle, 5 Tische (die Wahl, rund oder eckig, bleibt immerhin die eigene Entscheidung), 4 Regale, einen Schrank, einen Bauteppich ... Solche Überlegungen entsprechen nur dem Verkaufsbedarf von Katalogfirmen sowie der Absicht einer einschlägigen Verwaltung, den Fall schnell abzuarbeiten. Zugegeben: Ein bisschen bösartig. Aber im Ernst: Versuchen Sie möglichst wenig im Vorhinein einzukaufen und lassen Sie sich Zeit, dem tatsächlich entstehenden Bedarf Rechnung zu tragen. Sie haben dann auch viel eher die Möglichkeit, einen eigenen, Ihrer Situation und Ihren Wünschen entsprechenden Raum zu gestalten, in dem Sie sich zum Beispiel stärker mit dem Bedürfnis, sich in dem Raum auch wohlfühlen zu wollen, einbringen können. In-

7 Der Name stammt von Hugo Kükelhaus, der in den 1950-er Jahren vielfältige und weitreichende Anregungen zur „Entfaltung der Sinne" gegeben hat (vgl. Kükelhaus 1975, 1982).

dem Sie sehen und erleben, ob noch etwas fehlt, was Ihnen oder den Kindern fehlt, können Sie gezielt nachjustieren. So werden die Räume nicht überladen und Dinge eventuell auch teuer angeschafft, die dann nicht genutzt werden.

Darüber hinaus bietet die Unterschiedlichkeit der Kitas und ihrer Gebäude Anlass für Identifikation: Ich gehe in die Kita „Himmelreich", „Wolke 7", „Glückskind" ... und nicht woanders hin. Und dort könnte ich beispielsweise in einer Garderobe ankommen, in der, nach einer Idee aus der Reggio-Pädagogik[8], an der Wand über meinen Sachen mein Foto (so sah ich aus, als ich in die Kita aufgenommen wurde) und in Augenhöhe ein Spiegel angebracht ist, der mir zeigt, wie ich heute aussehe. Jeder Tag beginnt mit einem Moment: „Wer bin ich?"

8 Mit dem Begriff *Reggio-Pädagogik* wird die Konzeption und Praxis der kommunalen Kindertagesstätten in der italienischen Stadt Reggio nell'Emilia bezeichnet. Dieses Konzept wurde insbesondere durch den Pädagogen Loris Malaguzzi entwickelt.

Natürlich kann auch jede Kita umgebaut, erweitert usw. werden, aber im Grunde heißt die tägliche Aufgabe für jede(n), der/die diese Räume zum Leben bringen will: „So ist die Situation – mach was draus!"

4.1.2 Raumcharakteristik: Form, Größe, Lage der Räume zueinander

Ob ein Raum sich eignet, hängt davon ab, wofür er gebraucht werden soll. „Quadratisch – praktisch – gut" gilt manchmal, aber nicht grundsätzlich. Hilfreich ist eine Analyse, die die Form, Größe und Ausrichtung der Räume erhebt, um als Grundlage für Überlegungen zu ihrer Verwendung, Veränderung und Gestaltung zu dienen. Ein Strömungsbild[9] gibt Aufschluss über notwendige oder häufige Laufwege, die dann beispielsweise die Eignung für Ruheräume beeinflussen. Die Laufwege selbst sind ebenfalls Gegenstand der Betrachtung und ggfs. der Veränderung. Flure müssen keinesfalls immer der Garderoben- und Zugangsfunktion vorbehalten bleiben. Im Gegenteil eignen sie sich als oft große Räume für Bewegungsaktivitäten. Zumindest in Verbindung mit einem Zeitplan können auch kleinere oder schmalere Flure durchaus als Bewegungsräume dienen.
Wenn ein Raum eine kleine Grundfläche hat, kann dies Anlass sein, über die Planung einer zweiten Ebene oder das Anbringen von Deckenhaken und Kletterseilen nachzudenken, um die Nutzbarkeit zu vergrößern. Auch für den Übergang von Innen- zu Außenräumen und umgekehrt ist eine Analyse der Lage und Wege der Räume zueinander unerlässlich.
Zu den vorgegebenen Bedingungen eines Raumes gehören die Positionen von Fenstern und Türen einschließlich ihrer Öffnungswinkel. Sie bestimmen natürlich Laufwege ebenso wie Ruhe- oder Stellflä-

9 In einem Strömungsbild wird jede Fortbewegung aller Beteiligten (Kinder, ErzieherInnen – evtl. in unterschiedlicher Farbe) über einen längeren Zeitraum (z. B. einen Tag) mit Pfeilen im Gebäude-/Geländegrundriss festgehalten. Dadurch ergeben sich Häufungen, die ein aussagekräftiges Bild der Raumnutzung zeichnen.

chen. Und auch das Heizungssystem der Kita spielt eine Rolle. Wenn etwa über größere und vielleicht fest eingebaute Podeste nachgedacht wird, muss bei Bodenheizungen berücksichtigt werden, dass der Luftkreislauf und der Wärmetransport nicht wesentlich behindert werden. Vorstehende Heizkörper sollten verkleidet werden, zumindest wenn Bewegungsaktivitäten stattfinden sollen.

4.1.3 Flexibilität der Raumnutzung

Auch eine ausgefeilte Raumplanung muss offen bleiben für Veränderung, für Umgestaltung bis hin zur zeitweiligen Zweckentfremdung, um sich wechselnden und veränderten Bedarfen anpassen zu können. Hier sind vor allem einfache und flexible Lösungen wichtig und machbar. Einen Schlüssel zu mehr Flexibilität liefert das Mobiliar.

Ein dem Bewegungsinteresse widersprechendes, aber noch zu oft anzutreffendes Problem ist die Überausstattung mit Möbeln, insbesondere Sitzmöbeln. Die Forderung, „Schafft die Stühle ab" (Zimmer 2002), ist nicht in erster Linie eine Hinterfragung des Stuhls selbst, sondern eine Aufforderung, Alternativen zu einseitigen Sitzpositionen oder zum Sitzen anzubieten. Ob dann Hocker oder T-Bretter[10] zu aktivem Sitzen auffordern oder ein Malteppich zur Kreativität in Bauchlage einlädt – es kommt darauf an, vielseitige Möglichkeiten anzubieten und das Wahlverhalten der Kinder zu beobachten.

Je weniger Möbel für die Räume zur Verfügung stehen bzw. angeschafft werden, desto größer ist natürlich die Forderung nach deren Multifunktionalität. Ein Beispiel dafür ist die Tisch/Bank/Foren-Vielfalt der Tischkonstruktion im Eingangsbereich der Kita „Wolke 7" (s. Abb. S. 38, 39).

10 T-Bretter sind einfache zu einem T verschraubte Holzbretter. Sie lassen ein Kippen um die Längsachse zu, die durch eine aktive Muskelsteuerung beherrschbar ist.

Natürlich sind solche Bänke stabil gebaut und damit schwer. Schwerere Möbel, vor allem wenn sie des Öfteren umpositioniert werden, sollten möglichst auf Rollen stehen, um einfach und rückenschonend umgestellt werden zu können. Dies gilt zumindest für unebene Fußböden (z. B. Bodenfliesen). Sind die Böden glatt (Kautschuk, PVC ...), reichen vielleicht auch Möbelgleiter. Die Bänke können dann einfach verschoben werden.

So gibt es Bankkombinationen, in denen die Höhen von Sitz- und Tischbänken so abgestuft sind, dass alle Bänke ineinander gescho-

ben werden können. Im Falle, dass sie gerade nicht gebraucht werden, geben sie viel Raum für andere Aktivitäten frei.

Für manche Aktivitäten, z. B. gemeinsames Essen, braucht man mehr Tischfläche. Solche Flächen können variabel hinzugeschaltet werden, ohne den ganzen Tag im Wege zu stehen: Durch die Verwendung von Klapptischen oder entsprechender Holzplatten, die zwischen zwei Kompletttischen angebracht werden, kann die Tischfläche bei Bedarf vergrößert werden. Ansonsten klappt der Tisch bzw. hängt die

Diese Tisch-/Bankkombination kann zu einer Forentreppe umgebaut und z. B. zur Bewegung genutzt werden.

Holzplatte, deren Unterseite mit Tafelfarbe bemalt ist, als Schreib- und Maltafel für die Kinder an der Wand, sodass mehr Platz für Bewegung zur Verfügung steht. Welche Lösung am Besten genutzt wird, gibt wiederum der Raum vor. So verschwinden Klapptische am besten in Nischen oder neben Wandpfeilern.

Die Zahl von Tischen im Raum kann auch dadurch gesenkt werden, dass diese Tische mehrfunktional gebaut sind. So werden etwa Wannentische angeboten, die mit einer abnehmbaren Deckplatte versehen sind. Der Tisch kann jetzt zum Essen genutzt werden, anschließend als Sand- oder Linsenwanne, Licht- oder Konstruktionstisch für die pädagogische Arbeit dienen.

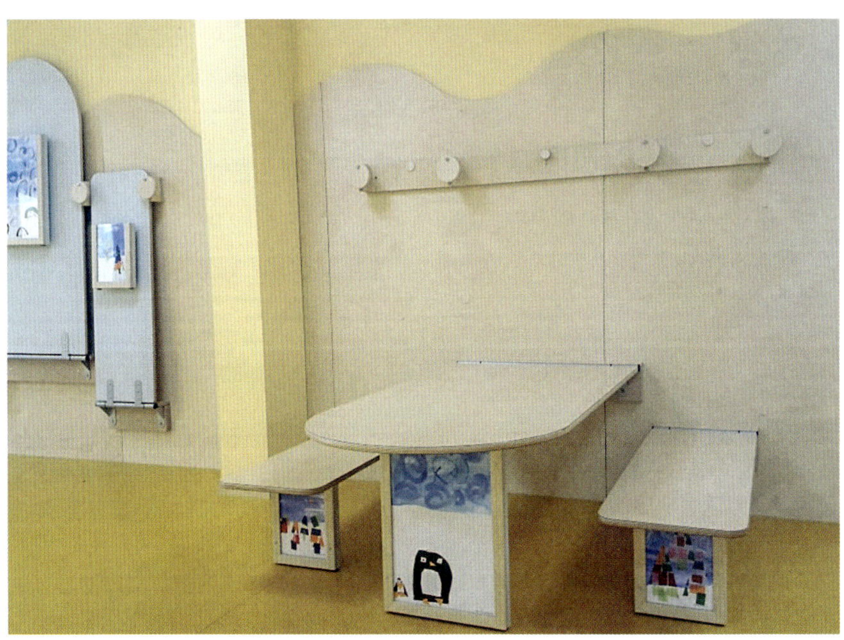

Was für die Tische gilt, sollte auch bei der Bestuhlung Beachtung finden. Wenn ein Stuhl nicht nur als Sitzgelegenheit dient, sondern auch als Kletteranlass, wird ein Gruppenraum, der eben noch zum Essen genutzt wurde, im nächsten Augenblick zum Bewegungsraum, ohne dass neues Gerät hinzukommen muss.

Eine oft zu wenig beachtete Möglichkeit, Räume flexibel nutzbar zu machen, sind moderne Schiebewände bzw. -türen. Beendet ist die Zeit der Falttüren, die es unmöglich machten, auf beiden Seiten des

Diese Hocker lassen sich leicht zu einer Bewegungslandschaft kombinieren.

„Vorhangs“ – viel besser war das ja oft nicht – Gruppenaktivitäten zu starten. Moderne Raumabtrennungen sind recht geräuschmindernd, einfach zu bedienen und platzsparend zusammen zu schieben. Verwendet wird diese auch fortschiebbare Raumabtrennung des Öfteren zwischen Eingangsfluren und Mehrzweckräumen. Es werden aber auch gute Erfahrungen berichtet aus Kitas, in denen zum Beispiel Gruppen- und Nebenräume auf diese Weise getrennt oder verbunden werden.

Ein weiterer großer Vorteil von Schiebetüren, die entweder in die Wand oder vor eine Seite der Wand geschoben werden können, ist der Wegfall eines Öffnungswinkels. Dies kann insbesondere für kleinere Räume, z. B. Wickelräume, Lagerräume etc. eine wesentliche Verbesserung der Alltagspraxis bedeuten.

Es sind nicht nur dauerhafte Raumarrangements, die Anlässe für Bewegungserfahrungen bieten, sondern auch spontane Veränderungen im Raumangebot. Für solche „Bewegungsbaustellen" wird die unmittelbare Umgebung verändert. Diese Veränderungen sollten so einfach und flexibel wie möglich sein, damit sie auch häufig geschehen:

Spontan kreierte Bewegungslandschaft im Nebenraum

Hier wurde das Kuschelkissen aus der Vorleseecke in die Raummitte gezogen, eine faltbare Matte darüber geworfen, und fertig ist die Bewegungslandschaft für heute.

4.1.4 Raumfunktionen und Einrichtung

Die Entscheidung, ob über spezifische Funktionsräume nachgedacht wird oder aber multifunktionale Gruppenräume eingerichtet werden

sollen, hängt von der Konzeption der Einrichtung ab. Wesentlich ist, dass möglichst alle für die kindliche Entwicklung bedeutsamen Bereiche im Laufe der Kita-Zeit ausreichend zum Angebot kommen.
In jedem Fall hat die Entscheidung, welche Angebote in einem Raum zum Tragen kommen, Auswirkungen auf die Auswahl der Einrichtung. Im Gruppenraum liegt eine besondere Aufgabe der Pädagog*innen darin, auch in Absprache mit den Kindern Angebotsschwerpunkte zu bilden, die dem aktuellen Entwicklungsstand sowie dem Erfahrungsbedarf der Kinder gerecht werden. Diese Entscheidung ist immer wieder zu überdenken, denn die Bedürfnisse ändern sich. Das heißt auch für die Raumeinrichtung: Sie darf nicht zu spezifisch sein. Brauchen wir einen (oft großen) Trockenschrank im Gruppenraum, weil dort auch Aquarelle gemalt werden? Gerade für solche „Infrastruktur-Möbel" sollte es Absprachen zwischen den Gruppen geben. Brauchen wir in jedem Gruppenraum eine Sandwanne, eine reich behängte Kleiderstange, ein Spieleregal oder einen Leuchttisch? Oder können wir diese oder andere Funktionseinrichtung von Zeit zu Zeit tauschen?

Was wird tatsächlich für die Arbeit gebraucht und eingesetzt? Wird die obligatorische Küchenzeile tatsächlich genutzt? Ganz oder in welchen Teilen? Wenn möglich, trennen Sie sich von allem, was Sie nicht brauchen!

Auch Gruppenräume sollten sich prinzipiell auf eine flexible Mobiliarbasis beschränken, die dann immer wieder mit spezifischen Angeboten bereichert wird. So bleibt Raum für Bewegung, Freispiel und das „besondere" Angebot.

Die Qual der Wahl stellt sich in Funktionsräumen natürlich weniger. Das Thema ist klar und damit auch der Einrichtungsgedanke. Die Frage einer adäquaten Umsetzung, der in diesem Buch zu einem späteren Zeitpunkt (Kap. 7, S. 181 ff.) nachgegangen wird, bleibt. Aber auch hier sollten wir darauf achten, dass Bewegungsraum erhalten wird. Allein schon deshalb, damit auch andere, spontane und kreative Nutzungen möglich bleiben.

Ein spezifischer Raum als „Turnhalle" ist ein wohl wünschenswertes, aber kein notwendiges Kriterium einer guten, gesunden Kindertagesstätte, falls andere Möglichkeiten zur Bewegung ausreichend genutzt werden können. Wenn aber über einen Bewegungsraum nachgedacht wird, sollte immer ein „Geräteraum" mitgedacht werden – das gilt mindestens für einen Neubau. In vielen Kitas steht aber für die Zwischenlagerung von Bewegungsgeräten kein eigener Raum zur Verfügung. Hier gilt es kreative Lösungen zu finden, die dazu führen, dass der Bewegungsraum auch leer genutzt werden kann, etwa für Lauf- und Gruppenspiele. Hier muss im Einzelfall nach einer geeigneten Lösung (Schrank, Hochregale, Faltwand, Flurbereich ...) gesucht werden.

4.1.5 Podeste als Spiel-, Bewegungs- und Lagerräume

Podeste erweitern den Spielraum in einer Kita erheblich. Wie ein solches Podest aussehen kann, hängt wiederum von den räumlichen und konzeptionellen Gegebenheiten ab. Die Spanne reicht von einfachen Podesten, gewissermaßen Geländevariationen im Innenraum über komplexere und variantenreiche Spielpodeste, über „Motorikinseln“, spezifische Podeste fürs Schlafen, Rollenspiel oder Bautätigkeiten bis hin zur Kletterkrippe (s. u.).

Die im Handel üblichen einfachen Podeste weisen unterschiedliche Höhen, Schrägen, Stufen etc. auf, sind in der Regel mit strapazierfähigem Teppichboden belegt und haben eine einheitliche Grundfläche, damit sie miteinander zu Bewegungslandschaften kombiniert werden können.

Solche einfachen Podeste lassen sich im Raum oder auch von Raum zu Raum immer wieder verändern und neu zusammenstellen. Sie sind bereits Anlass für Bewegungserfahrungen und Veränderungen der Perspektive. An ihnen zieht sich ein Kind hoch. Sie müssen erklet-

U3-Bewegungslandschaft mit Podesten

tert werden, bieten einen veränderten Blick auf die Raumumgebung und werden wieder verlassen. Schrägen, Rutschen, Stufen, Leitern usw. erweitern dieses Bewegungsspektrum. Sie stellen erst einmal unterschiedliche Bodenniveaus her, deren Bedeutung für die motorische Entwicklung von Kleinkindern seit langem bekannt ist. Elfriede Hengstenberg oder Emmi Pikler beschrieben diesen Zusammenhang bereits am Anfang des letzten Jahrhunderts (vgl. Fuchs 2018).

Ein weiterer Vorteil von Podesten: Sie bieten, wenn sie mit Klappen, Schubladen oder Türen ausgestattet sind, Lagerraum für Material, der nicht von der verfügbaren Grundfläche des Raumes abgeht. Wer mit Materialien flexibel umgehen möchte, kommt an einer Lagerung nicht vorbei. Regale und Schränke verbrauchen viel Platz. Das ist für viele Einrichtungen ein Problem, weshalb die Verwendung bespielbarer Einbauten, die auch als Stauraum dienen (Podeste, zweite Ebenen etc.), eine geeignete Alternative darstellt.

Weniger ist oft mehr. Diese pädagogische Grundweisheit gilt schon ganz allgemein. Bei Kleinkindern kommt die in ihrer Wahrnehmungsentwicklung erst allmähliche Entwicklung der Diskrimination[11] hinzu, der Fähigkeit, sich unter mehreren Wahrnehmungsreizen für einen oder wenige entscheiden zu können, die für die kommende Auseinandersetzung von Bedeutung sein soll. Die übersichtliche, ansprechende und auffordernde Präsentation verschiedener, aber ausgewählter Materialien ist einer Dauerpräsenz unüberblickbarer Vielfalt vorzuziehen. Was gerade nicht benutzt wird, „verschwindet" im Podest.

---

11 Um mit Hilfe von Wahrnehmungsprozessen zu Lernen, müssen einige Stufen durchlaufen werden. Die Kette sieht etwa so aus:
- Reiz,
- Aufnahme durch Wahrnehmungsorgane,
- Differenzierung,
- Diskrimination,
- Integration,
- Lernen ...;

mehr dazu in Zimmer (2019a).

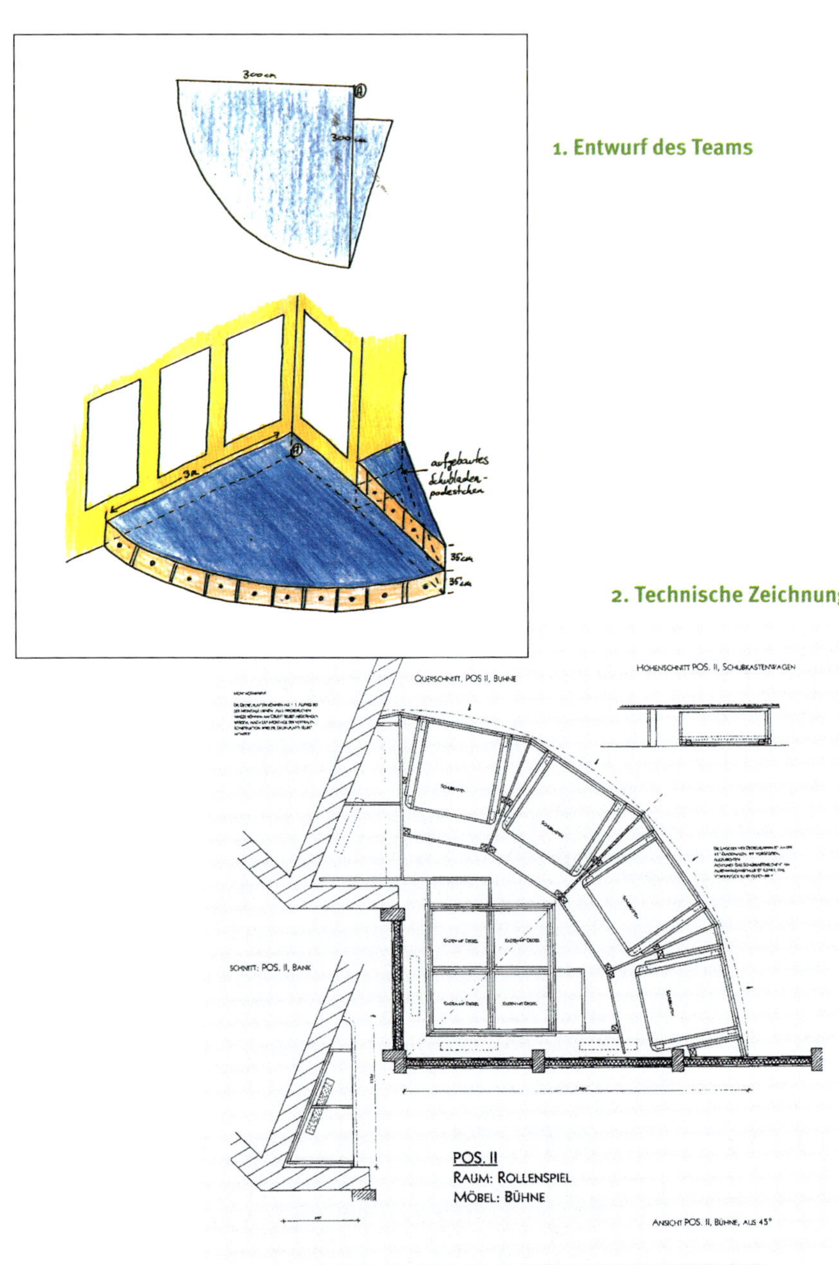

Ein Podest für das Rollenspiel entsteht: Entwurf – technische Zeichnung – ...

Podeste können auch so konstruiert werden, dass sie ganz gezielt ausgewählte Funktionen unterstützen. In unterschiedlichen Zusammenhängen werden Podestkonstruktionen in den folgenden Kapiteln dargestellt.

3. Fertigung in Schreinerarbeit

... Fertigstellung in Schreinerarbeit.

Ein möglicher Nachteil solcher Podeste ist, dass sie zielgenau und funktionsbetont in den Raum hineinkonstruiert und gebaut werden. Deshalb können sie nicht spontan verändert werden oder ohne Umbau gar den Raum wechseln. Ihr Vorteil ist, dass sie durch die handwerkliche Fertigung genau in dem Raum passen und die jeweilige Funktion spezifisch in den Blick nehmen.

4.2 Bewegungsräume – die Kita als Bewegungsort

Um der Entwicklungsbedeutung von Bewegung Rechnung zu tragen und dem natürlichen Bewegungsdrang der Kinder gerecht zu werden, muss jeder Kita-Raum Möglichkeit und Anlass für Bewegung bieten. In jedem Raum, ob Gruppenraum, Funktionsraum oder Flur sollte überlegt werden, wo genau Bewegung ermöglicht, gefördert oder aber verhindert wird. Natürlich kann dann auch entschieden werden,

Ein überbordernder Gruppenraum

in diesem oder jenem Bereich der Ruhe oder einer bestimmten anderen Tätigkeit den Vorzug zu geben. Es sollten aber bewusste Entscheidungen sein, die immer auch die Bewegungsperspektive im Blick halten.

In einer 4-gruppigen Kindertagesstätte, waren alle 4 Gruppenräume in der abgebildeten Weise zu sehen. Von der Decke baumeln Erinnerungen der letzten 4 Jahreszeiten, der Raum ist vollgestopft mit Tischen, Stühlen und Funktionsbereichen. Ein solcher Gruppenraum ist der Inbegriff von Bewegungslosigkeit. Es wurde subjektiv kein Veränderungsbedarf gesehen. Unter Anderem habe man ja eine schöne Turnhalle. Es reicht, insbesondere für die Altersgruppe der U3-jährigen Kinder, nicht, eine entsprechende Turnhalle vorzuhalten. Es geht darum, Bewegung in den Alltag der Kita zu integrieren. Wenn eben Gruppenräume einen wesentlichen Teil der Kita-Aktivitäten abdecken, dann müssen auch diese Räume als psychomotorische Erfahrungsräume gestaltet sein, bewegungsfreundlich und herausfordernd. Geeignete Podeste liefern, wie bereits angesprochen, in dieser Situation eine gute und vielseitige Perspektive. Sie werden auch im Folgenden immer wieder aus unterschiedlicher Sicht thematisiert.

4.2.1 Freiraum und Freispiel

Die erste gebotene Maßnahme in einem Raum wie dem oben abgebildeten ist das Ausräumen. Freiraum schaffen. Jeder Gruppenraum muss einen Bereich haben, in dem sich die Kinder frei bewegen können. Meist dient ein ausgelegter Teppichboden dazu, diesen Bereich auch frei zu halten. Natürlich kann dieser auch für bestimmte Angebote, vom Sitzkreis bis zum Gesellschaftsspiel am Boden, genutzt werden, nachher wird er aber immer wieder frei geräumt.

Von einigen weiteren Möglichkeiten, Freiräume zu schaffen, war bereits die Rede: Tisch und Stuhlflächen zu reduzieren, mit Podesten Schränke und Regale zu ersetzen oder durch mehrfunktionale Möbel die Zahl der Möbelstücke zu reduzieren.

Für die Optimierung der Kita-Räumlichkeiten im Hinblick auf ihre Bewegungsdimension sind eine Reihe weiterer Gesichtspunkte hilfreich. Hier folgen einige Anregungen.

4.2.2 Eingangshallen, Flure und Treppenhäuser

Flure, Treppen oder Eingangsräume werden schon oft mitgenutzt, stellen aber manchmal zu Unrecht verwaiste Innenräume dar. Dafür kann es eine Reihe von Gründen geben. So sind Fluchtwege einzuhalten, Brandgefahren zu bannen und Unfallgefahren zu berücksichtigen. Solche objektiven Einwände, mit denen man/frau sich natürlich aktiv beschäftigen muss (vgl. Kap. 7.4.), verhindern nicht selten den Blick auf die sehr attraktiven Bewegungsanlässe, die diese Räume bieten können (s. Abb. S. 53).

Dass der Flur auch zur Turnhalle werden kann, wurde bereits am Beispiel eines bewegten Treppenhauses (S. 25) beschrieben. Im abschließenden Beispiel aus der Kita Nümbrecht (S. 201) bietet die „Sternenburg" viel Bewegung direkt im Eingangsbereich.

4.2.3 Deckenkonstruktionen und Aufhängung

Je jünger die Kinder sind, desto weniger kann der Verweis auf die Existenz eines Bewegungsraumes genügen. U3-Kinder müssen sich vor allem erst mal dort bewegen können, wo sie gerade sind: Im Gruppenraum. In jedem Raum sollte für die Möglichkeit gesorgt werden, Geräte an der Decke zu befestigen: Schaukelbretter und -rollen, Hängematten und/oder Fender (Bälle, Säcke o. ä. die an einem Seil befestigt sind) – die Auswahl an Variationen ist groß. Natürlich hängen in einem Gruppenraum nicht ständig Geräte von der Decke. Sie werden nach Bedarf auf- und abgehängt.

Wenn die Decken tragend sind, ist die Anbringung unproblematisch. Es empfiehlt sich allerdings, statt der oft verwendeten Schraubhaken

Hier geht's rauf ...

... und hier wieder runter!

In diesem Beispiel wurde ein bislang wenig genutzter Lagerraum (Papier, Scheren, Stifte ...) mit einer Treppe ausgestattet, die zu einem „Trampolinnetz“ in der oberen Etage führt. Von dort geht es raus in den Flur, in dem eine Wendelrutsche wartet. Diese Kombination ist eine so stark genutzte Bewegungsstation in der Einrichtung, dass sie nur zeitweise geöffnet wird. Neben der Tür zur Treppe dient eine Jalousie am Ausgang zum Flur als Sperre für die Zeit, in der die Bewegung und Lautstärke andere Aktivitäten stört.

Ankerplatten zu verwenden, die zuverlässig halten und nicht abbrechen können. Noch besser sind moderne Befestigungsschienen, die direkt in die Schallschutzdecke eingebaut werden können.

Trägt die Decke nicht, oder lässt sie aus anderen Gründen (abgehängte Schallschutzdecke etc.) keine direkte Befestigung zu, wird die Aufhängekonstruktion aufwendiger. So können beispielsweise Holzträger direkt unter der Decke in Wände eingelassen oder in einer selbsttragenden Konstruktion eingebaut werden.

Die Möglichkeit, schwingende Geräte an der Raumdecke aufzuhängen, erweitert das pädagogische Angebot in nahezu jedem Raum. So kann eine „Malschaukel", auf der Kinder in niedriger Höhe auf dem Bauch liegen und über den Boden schwingen, für spaßvolles Malen in Verbindung mit sensomotorischen Wahrnehmungen genutzt werden.

Die Decken als Trageflächen für Aufhängungen zu nutzen, erleichtert auch einen weiteren akuten Bewegungsbedarf von Kindern. Sie nutzen ihre Muskulatur, insbesondere Schulter- und Armmuskeln. Aufgrund der bei vielen Kindern sehr geringen Beanspruchung dieser

Dieser kleine, bislang kaum genutzte Materialraum wurde mit einer Leiter an der Decke ausgestattet, an die die Kinder über die Fensterbank gelangen. Sie können von dort in den Raum hangeln, soweit die Kräfte halten – und dann in die ausgelegten Matten fallen. Die hohe Bewegungsaufforderung dieser einfachen Maßnahme zeigt deutlich Wirkung: Die meisten der Kinder dieser Kita sind aktuell in der Lage, die Leiter hangelnd zu bewältigen …

Muskelbereiche im Alltag sind auf breiter Front Schwächen zu erkennen: Kinder sind oft nicht in der Lage, ihr Körpergewicht hängend zu bewältigen, geschweige denn zu hangeln und sich hängend zu bewegen.

4.2.4 Bewegungspodeste

Im Hinblick auf die motorische Entwicklung von Kleinkindern geht es nicht nur um freie Bodenflächen, sondern um ein Angebot für möglichst viele Bewegungsdimensionen. Dies war der Anlass für die Entwicklung von Motorik-Podesten, die in einen Gruppenraum (oder auch, wie am Beispiel der „Sternenburg" (S. 201 ff.) gezeigt, im Flur) eingebaut werden und das Bewegungsspektrum erweitern.

Ein solches Bewegungspodest wird individuell geplant, entwickelt und in den Raum so eingebaut, dass es möglichst wenig andere Aktivitäten beeinträchtigt. Der Kreativität sind hier keine Grenzen gesetzt. In der Zusammenarbeit von Pädagog*innen und Handwerker*innen entstehen Podeste, die neben dem motorischen Angebot auch für andere Spielaktivitäten genutzt werden können. Vor dem Bau des eigenen Podestes ist es auf jeden Fall ratsam, bestehende Podeste in anderen Einrichtungen zu besichtigen und mit den damit befassten Kolleg*innen über die Erfahrungen zu sprechen. Vor allem kann bei Podesten, gerade auch bei Bewegungspodesten und Spielhäusern, ein Lautstärkeproblem entstehen, wenn in der Konstruktion die Übertragung von Schwingung und Schall von einem Bauteil aufs

Variierte Bewegung auf kleinerem Raum: Hier wird geklettert, sich hochgezogen, heruntergerutscht, gerollt, gekrochen, gesprungen ...

andere und oder direkt auf den Fußboden. Hier helfen gut positionierte Filz- oder Korkpolster.

4.2.5 Die „KletterKita" – Mehrdimensionale Bewegungslandschaften

Neue Wege eines bewegungsorientierten Raumangebotes für Kleinkinder zeigen Projekte auf, wie die Kinderkrippe der Uni Bayreuth (vgl. Ungerer-Röhrig u. a. 2011). In einer konsequent neu erdachten Raumkonstruktion, in der die „Nebenräume" wie große Käfige unter der Decke hängen und über vielfältige Bewegungsanforderungen erreicht bzw. verlassen werden können, entsteht eine große Bewegungsfreiheit.

Ein bewegender Raum für die Jüngsten in der Kinderkrippe der Uni Bayreuth (kurz vor der Fertigstellung).

Auch in bestehenden Einrichtungen sind bereits häufig den jeweiligen räumlichen Bedingungen angepasste Kletterlandschaften[12] entstanden, die die motorische Erlebniswelt der Kinder erheblich bereichern. Durch die Nutzung von Raumecken für Aufgänge oder vieldimensionale Bewegungspodeste wird die freie Fläche für sonstige Aktivitäten weniger belastet.

Denn auch hier gilt aber manchmal: Weniger ist Mehr. Es sollte eine bewusste, erfahrungsgetragene Entscheidung sein, wieviel Raum der gesamten Einrichtung für den angesprochenen Kletterbereich verwendet wird und wieviel Freiraum für andere Aktivitäten bestehen bleiben soll. Hospitationen in bestehenden Klettereinrichtungen sind sehr zu empfehlen.

4.2.6 Zusätzliche Bewegungsmöglichkeiten durch ausgewählte Geräte

Eine Kindertagesstätte sollte sich das Qualitätsmerkmal „in Bewegung" insbesondere dadurch verdienen, dass sie Kindern vielfältige und umfangreiche Bewegungserfahrungen vermittelt (Zimmer 2022). Hierzu ist neben der verfügbaren Fläche an sich sowie der Raumdisposition (s. o.) ein attraktiver Bestand an Bewegungsgeräten Voraussetzung, die möglichst nicht nur in der Turnhalle präsent sind, sondern in alle Lernräume integriert werden können. Insbesondere für Bewegungsgrundinformationen wie Beschleunigung, Rotation und Schwingung sollten ausreichend Gerätschaften vorhanden sein. Insgesamt gilt auch für diese Geräte: Vielfalt vor Häufigkeit und Variabilität vor Spezialisierung.

12 Eine Reihe von „Kletterlandschaften" in sich neu orientierenden Kindertagesstätten (Schilling u. a. 2012) sind auch unter Anleitung von Fachleuten in Verbindung mit gut organisierter Elternmitarbeit – und damit kostengünstiger – entstanden.

Das Varussell in der Kita: Viel Bewegung auf kleinem Raum.

Welches Gerät sich im Einzelnen eignet, hängt natürlich vom jeweiligen Raum ab. Eine Sprossenwand braucht einen gewissen Fallraum, die Hängematte einen geeigneten Schwingbereich, die Rollbrettbahn einen entsprechenden Auslauf. Ein besonders auch auf kleinem Raum sehr vielseitige und intensive Bewegungsmöglichkeiten im Bereich der Drehungen eröffnet das Varussell (Thomas 1994).

Bewährt hat sich auch die „Bewegungsbaustelle", die mit einigen wenigen Materialien (z. B. Reifen, Schläuche, Bretter, Seile ...) sehr viel Bewegung, Kreativität und Gestaltungsraum für Kinder eröffnet. Auch die vor bald 100 Jahren von der Pädagogin Elfriede Hengstenberg entwickelten Holzgeräte, die mit soliden und einfachen Konstruktionen reichhaltige Bewegungsmöglichkeiten eröffnen (vgl. Wolf 2018), begünstigen die Bewegungsentwicklung von Kindern.

4.3 Bildungsräume – die Kita als Lernort

Unter dem Slogan „Bildung von Anfang an“ entwickelte sich in den letzten 20 Jahren eine Vorstellung von Bildung als Selbstbildungsprozess (vgl. Schäfer 2016), mit denen Kinder die Welt auf ihre Weise und mit ihrer Gewichtung entdecken. Eine solche Grundüberzeugung hat auch weitreichende Auswirkungen auf die Gestaltung von Bildungsräumen, wie es am Beispiel der Funktionserweiterung von Waschräumen zu Lernräumen bereits dargestellt wurde (vgl. S. 28). Dieses Bildungsverständnis führt in diesem Beispiel von einer Ausweitung bislang eng gezogener Funktionsbestimmung Hygiene (Toilette, Händewaschen, Zähne putzen) zu einer Nutzungserweiterung als Experimentier- und Lernfeld in einem elementaren Lernfeld Wasser – Körper – Emotion. Die hier sichtbare Erweiterung führte, auch weil die Nachfrage aus den Kindertagesstätten stark ansteigt, zu neuen Konstruktionen von Waschrinnen, die den Einzelbecken in ihrer pädagogischen Nutzbarkeit deutlich überlegen sind oder zu Waschräumen, die eher an ein Spaßbad erinnern als an einen „stillen Ort“. Im Gegenteil, wenn Wasser nun auch auf den Körper trifft, wird es laut. Die Auswirkungen der Kältereize sind deutlich hörbar, was dann auch den Einbau von Schallschutzdecken etc. in diesen Räumen begründet und notwendig macht.

Wenn wir Bildungsräume thematisieren und vorstellen wollen, geht es um eine Gestaltung, die verschiedenen Bildungsbereichen besondere Bedingungen gibt. Daher sei im Folgenden weiteren (einige Bereiche, vor allem Bewegung, kamen ja bereits zur Darstellung) wesentlichen Bildungsbereichen Raum gegeben. In all diesen Fragen muss vor Ort abgewogen werden, wie umfangreich und konsequent die Funktionen angeboten werden können, und ab wann vielleicht doch über die Einrichtung des einen oder anderen Funktionsraumes auch im Gruppenbetrieb nachgedacht werden sollte. In jedem Fall meint „Raum“ in diesem Zusammenhang nicht unbedingt einen eigenen Raum für jede Funktion – so viele Räume haben die wenigsten Kitas – sondern die Berücksichtigung dieses Themas in einem eigenen räumlichen Planungszusammenhang.

4.3.1 Raum für das Bauen und Konstruieren

Den Themenbereich Bauen und Konstruieren gleich mit Podest-Vorschlägen zu beginnen, heißt, sich von der Realität vieler Einrichtungen zu entfernen, in denen in einem Raumbereich ein Bauteppich liegt, auf dem mit unterschiedlichen Materialien gebaut wird. Aber da kommen wir gleich zu einem Kernproblem dieses Funktionsbereiches: Bauen ist materialintensiv. Ob Holzbausteine, Yoghurt-Becher oder Naturmaterialien, gebraucht werden Stau- und Lagerungsräume, die dafür gut strukturiert sein sollten, um die Materialien immer wieder spezifisch sortieren zu können. Dies können Schränke oder Regale sein, in die die Materialkästen, z. B. durchsichtige (im Krippenbereich eher undurchsichtige) Kunststoffkisten (Holzkisten sind schöner, aber schwerer), eingeschoben werden. Je besser die Kistengrößen zu Schrankbreiten oder Regalhöhen passen, umso besser wird der Raum genutzt.

Ein Podest im Bauraum

Nun sind dies schon Argumente für ein Baupodest, dass ja die Lagerungsfunktionen einschließt. Hinzu kommt z. B., dass Kinder gerne „geschützt" bauen. Das hat mit der Aktivitäts- und Betrachtungshöhe zu tun. Sie bauen aber auch gerne an Orten, an denen ihren Kunstwerken weniger passiert, an denen die anderen Kinder nicht zu nah kommen und das Bauwerk (meistens ja unabsichtlich) gefähr-

Baupodest einer Krippe

den. Das könnte heißen, dass sie vorhandene Möbel nutzen, um ihre Konstruktionen darauf zu errichten. Sie bauen auch gerne auf Fensterbänken, wenn sie genügend breit sind. All dies sind Argumente, dass ein entsprechend in den Raum integriertes Baupodest große Vorteile hat – der Nachteil der räumlichen Festlegung wurde oben schon besprochen (S. 19 ff.). Natürlich gilt es in der Praxis Vor- und Nachteile abzuwägen.

Während es im Bereich Bauen um die konstruktive Verwendung „fertiger“ Bauteile geht, wird im Bereich Konstruktion/Werken auch die Verwendung speziell veränderter Bauteile entwickelt. Dafür werden Werkzeuge / Werkbänke genutzt. Dies kann man/frau natürlich auch „nur“ spielen. Ab einem gewissen Punkt gehört aber die reale Bearbeitung des Materials dazu. Und dann brauchen wir „richtige“ Werkzeuge. Ein Hammer sollte schwer und hart genug sein, einen Nagel ins Holz zu treiben, eine Zange könnte den Nagel wieder herausbringen, eine Säge sollte in der Lage sein, eine Holzleiste zu zersägen usw. Natürlich darf das nicht übertrieben werde: Schärfste Messer oder spitze Schusterahlen haben hier keinen Platz. Worum es geht,

ist der Aufbau von Risikokompetenz: Reales Werkzeug birgt Verletzungsgefahren, aber Kinder lernen dann auch, mit solchen Gefahren umzugehen.

Und so gehören reales Werkzeug und eine funktionsgerechte Werkbank zur Sollausstattung einer Kindertagesstätte. Aber neben solchen Überlegungen ist auch die Frage wesentlich, wo ein Werkraum so positioniert werden kann, dass er nicht andere Aktivitäten in der Kita zu stark einschränkt. Wer einmal mehreren wirklich hämmernden Kindern zugehört hat, weiß, worum es geht: Die zu erwartende Lärmemission lässt es sinnvoll erscheinen, einen Raum in der Gebäudeperipherie zu wählen, der, wenn möglich, auch noch eine Schiebetür nach draußen hat, damit das Werken bei günstiger Witterung nach draußen verlegt werden kann.

4.3.2 Raum für Kreativität und bildnerisches Gestalten

Der Gedanke, Aktivitätsfelder bei günstiger Witterung nach draußen zu verschieben, liegt auch für den Kreativbereich nah. Farben lassen sich bei Tageslicht besser und differenzierter erkennen. Tropfende Farben sind draußen meistens weniger problematisch.

Aber zunächst geht es ja um die Unterstützung künstlerischer Aktivitäten in den Räumen, und da ist das erste Kriterium: Wir brauchen Licht. Licht ist die Mutter der Nuancen. Farben treten in ihren Unterschieden und z. B. durch verschiedene Auftragstechniken entstandene Wirkungen wesentlich stärker und klarer hervor, wenn das Licht intensiv ist. Also sind wir gut beraten, Atelierbereiche fensternah einzurichten. Wo dies nicht oder nur schlecht möglich ist, sollte geeignetes künstliches Licht installiert werden (vgl. Kap. 4.4.1, S. 81 ff.). Staffeleien z. B. lassen sich leicht auch ans Licht oder sogar nach draußen verlagern.

Damit Farben in ihrer Originalqualität verwendet werden können, ist tägliche Vor- oder Nacharbeit vonnöten. Auf Dauer mischen sich alle Farben, nicht nur Aquarellfarben, im Tun zu einem unschönen Braun, wenn wir nicht Maßnahmen ergreifen wie die Verwendung von Paletten, auf denen dann die Mischung kein Problem ist, oder die Reinigung der Farbtöpfe bis zur Originalfarbe, wie dies etwa in den Malräumen von Arno Stern geschieht (s. Abb. S. 65 oben).

Auch das Ordnen von Farbstiften nach dem Spektrum des Regenbogens sieht nicht nur attraktiv aus, sondern unterstützt das Erkennen und Verwenden von im konkreten Zusammenhang gewünschten Farben.

Malen und zeichnen mit unterschiedlichsten Farbqualitäten auf Malblöcken am Tisch wird wohl die gebräuchlichste Anwendungsform sein. In leichter Schräge aufrecht gestellte Staffeleien oder an der Wand befestigte Malwände bieten Kindern eine gute Möglichkeit auch großflächig zu malen und Farben und Formen stärker wirken zu lassen (s. Abb. S. 65 unten).

Im Grunde ist es aber wieder das Moment der Vielfalt, das den individuellen Zugang zum Malen und Gestalten birgt. Werden unterschied-

Abbildung unten: Malwände im Atelier – Freiraum für Kreativität – Eine sinnvolle Ergänzung ist eine Rinne, die nicht nur tropfende Farbe aufnimmt, sondern auch für das Ablegen von Stiften etc. Verwendung finden kann.

lichste Malorte angeboten, suchen sich die Kinder die Form aus, die Ihnen im Moment am meisten zusagt. Dabei kann, wenn es die Bedingungen zulassen, auch die Malschaukel (vgl. S. 54) motivierend zum Einsatz kommen.

Auch im Bereich anderer Kreativtechniken sind unterschiedliche Arbeitspositionen hilfreich. Größere Tonarbeiten lassen sich im Stehen an niedrigen Tischen oder (Fenster-)Bänken gut durchführen, weil die Kinder ihr Körpergewicht zur Verformung des Materials einsetzen können. Im Innenbereich tragen hinter den Aktivitätsorten befestigte Spiegel zur Verbesserung des Lichteinfalls sowie zur Erhöhung der Wahrnehmungsanlässe bei.

In allen Kreativbereichen werden für Materiallager, Abstellregale, Trockenvorrichtungen etc. ausreichend Flächen benötigt, die, wie bei der Unterstützung der Turnhalle durch einen Geräteraum, in der Raumüberlegung eingeplant werden sollten. Je freier wir die Aktionsbereiche anbieten können, je mehr Raum ergibt sich für Kreativität.

4.3.3 Raum für Entspannung und Körperwahrnehmung

Ein Raum für Entspannung zeichnet sich durch mehrere Gesichtspunkte aus. So werden zum einen weiche Untergründe angeboten, vom flauschigen Teppichboden bis zu Kissen, Matratzen und Decken aller Art, die immer greifbar sind. Materialien für Massagen, von unterschiedlichsten Rollen und Bürsten bis zu Tennisbällen sind ebenso zu finden wie akustische Instrumente wie große Südseemuscheln, Klangschalen oder ein Gong. Es gibt auch Lichtsäulen oder Spiegelkugeln. Im Gegensatz zum aus dem therapeutischen Umfeld entwickelten auf die reine Wahrnehmung fokussierten Snoezelen kommen für den Kindergarten eher Geräte zum Einsatz, die die Kinder aktiv nutzen, um bestimmte Wahrnehmungen zu verstärken (s. Abb. S. 67).

Wenn von so vielen Geräten die Rede ist, liegt wieder der Vorschlag eines Podestes nahe, wobei das „Entspannungspodest“ so gebaut

ist, dass mehrere Kinder auf ihm kuscheln und z. B. einer Entspannungsgeschichte zuhören können. Eine der rollbaren Schubladenkästen ist vielleicht als Wanne mit Linsen oder Rapssamen, Kastanien oder Bällen, Korken etc. gefüllt, in denen Kinder bestimmte Dinge erfühlen können oder sich gleich selbst hineinlegen.

4.3.4 Raum für Rollenspiele und darstellendes Spiel

Während Rollenspiele von Kindern selten angeleitet, sondern eher durch anregende Materialien wie Puppen, Puppenküchen, Kleiderstange mit Kleidung, alte Hüte jeder Form usw. initiiert werden, läuft das darstellende Spiel bereits auf das Theater hinaus. Aus psychomotorischer Sicht ist es wichtig, dass die Einrichtungen nicht zu sehr der Erwachsenenwelt entsprechen, sondern viel Freiraum für Kreativität und Fantasie lassen und zum Spiel einladen. Das Rollenspielpodest der Psychomotorischen Kita Wolke 7 wurde bereits dargestellt (S. 48/49).

Wenn die kleine Küche auch nur aus einer Apfelsinenkiste besteht und einige Schüsseln, Teller und Tassen vorhanden sind, setzen Kinder daraus ihre Wunschwelt zusammen. In solchen Räumen ist das Ambiente wichtiger als fertige Möbelvorgaben. Dazu gehört auch eine unterstützende Beleuchtung (vgl. S. 81ff.).

Wenn der Platz im Raum besteht, ist ein kleines Holztheater sicher auch ein ansprechendes Arrangement. Hier gibt es einen Umkleidebereich, der nicht nur Warteraum für den Auftritt ist, sondern auch über „Türspione" Gelegenheiten für Wahrnehmung und Beobachtung in Richtung Publikum eröffnen.

Diese Puppen warten auf ihren Einsatz …

Etwas zu Unrecht aus der Mode gekommen ist das Puppenspiel (z. B. Kasperle-Theater), das es wert ist, wieder „aus der Mottenkiste" herausgezogen zu werden. Diese Theaterform hat neben der Kreativitätsentwicklung auch positive Auswirkungen auf die Sprachentwicklung, weil die Geschichten ja unter Einsatz der Puppen erzählt werden (s. Abb. S. 68 unten).

4.3.5 Raum für Musik und Tanz

Kinder hören gerne Musik und bewegen sich dazu. Dies braucht eigentlich nur Freiraum und eine Musikquelle. Aber sie machen auch gerne selbst Musik und dies stellt schon Ansprüche an die Raumgestaltung. Zum einen braucht es ein ausreichendes Lagersystem, da-

Dieser alte Vorratsschrank ist nicht nur ein attraktives Möbelstück. Es findet in der Kita Verwendung als Instrumentenschrank.

mit die Instrumente sicher untergebracht sind. Vor allem teurere Instrumente eignen sich nicht gerade für das Freispiel, sondern eher für gezielte musikpädagogische Angebote.

Aufgrund der Geräuschentwicklung während des Musizierens sollte der genutzte Raum eine gute Schallisolierung haben und eher an der Peripherie des Gebäudes liegen. Auch hier wäre eine Verbindung zum Garten über eine Terrassentür sinnvoll. Bei schönem Wetter kann das Musizieren gut in den Außenbereich verlegt werden.

4.3.6 Raum zum Lesen – Literatur und andere Medien

Viele Kindertagesstätten haben einen umfangreichen Buchbestand an Kinderbüchern und tragen damit zum Erhalt der Lesekultur bei. Die Gestaltung des Lesebereiches hat zum einen die Aufgabe, die Bücher und ihre Geschichten in Szene zu setzen. Das geschieht z. B.

Kitabibliothek: gut geordnet und geräumig

über das „Kinderbuch der Woche“, das jede Woche neu auf einer Staffelei o. ä. ausgestellt wird. Es ist zum Zweiten sinnvoll, die Bücher so zu positionieren, dass Kinder sich dort selbst bedienen und ihre Auswahl treffen können. Dabei hilft insbesondere in größeren Kinderbibliotheken ein Ordnungssystem, das den Kindern einen Überblick erlaubt, wo sie was finden.

Und dann gilt es noch einen Ort einzurichten, z. B. ein Lesesofa, eine Bodenmatte, ein Podest etc., auf dem das Lesen Spaß macht. Dieser Ort sollte etwas abgeschieden sein vom Alltagstrubel. Je geschützter, gemütlicher und heller diese Bereiche sind, desto häufiger werden sie genutzt.

Wenn ein eigener Leseraum angeboten werden kann, ist dies natürlich auch ein Ort für pädagogische Fachliteratur und Medien für das Team, das sich hier immer wieder Anregungen und Ideen holen kann. Darüber hinaus sollte dieser Raum (evtl. zu festgelegten Zeiten) auch

Dieses gemütliche Sofa lädt zum Lesen ein.

interessierte Eltern offenstehen. Sowohl pädagogische Anregungen für Eltern inklusive der Empfehlungen für gute Kinderbücher sind gerade für Kitas als Familienbildungsstätten wichtige Bausteine.

4.3.7 Raum für gesunde Ernährung

Ein Raum für gesunde Ernährung in der Kita ist nicht nur die Küche. Aber hier gilt es besonders, sie in die Kita als Lebensort einzubinden. Essen, das in der Kita frisch zubereitet wird, erfüllt die Räume mit verheißungsvollem, nicht für alle immer angenehmem, aber auf das zu erwartende Essen hinweisenden Duft. Dies kann kein Lieferdienst ersetzen. Kinder, die den Duft nicht erkennen, können in der Küche nachfragen, was es denn gibt. Und vielleicht können sie mithelfen, Möhren für das Gemüse zu putzen und waschen und dabei zusehen, was in den Topf kommt. Dafür kann eine Küche gezielt eingerichtet werden, z. B. mit Fußbänken, die unter den Schränken hervorgezogen werden und die Kinder in geeignetere Arbeitshöhe bringen. Leider

wird ein solches Mitwirken aber aus „hygienischen“ Gründen nicht selten untersagt, wobei man hier sehr unterschiedlicher und differenzierter Meinung sein kann.

Auch in den Kitas, in denen aus verschiedenen Gründen nicht gekocht wird, lassen sich Zugänge zu einem Wert wie gesunde Ernährung eröffnen, wie beispielsweise mit einem frisch zubereiteten Frühstück, das in einem besonders liebevoll hergerichteten Essraum eingenommen werden kann:

Hier kommen die Kinder aus Platzgründen im Schichtbetrieb, aber immer mit Freude herein.
Durch die Trennung vom Gruppengeschehen findet das Frühstück in einer besonders ruhigen und kommunikativen Atmosphäre statt.

Dass auch ein regelmäßiges Trink-Angebot wichtig für die Gesundheit ist, hat sich herumgesprochen. In vielen Gruppenräumen gehört die „Saft-Bar“ zum ständigen Angebot.

4.3.8 Raum für Treffen und Gespräche

Gemeint ist damit eine Gestaltung bestimmter Bereiche oder ganzer Räume, die die Kommunikation der Beteiligten unterstützt. Ob Treffpunkte für Kinder, Pausen- und Gesprächsräume für das Team oder die Ecken und Räume für Elterngespräche, sie alle sollten Kommunikation unterstützen. Dafür sollten sie eher ruhige Orte sein, die eine angenehme und gemütliche Atmosphäre ausstrahlen.

■ *Treffpunkte für Kinder*

Kinder treffen sich natürlich in der Kita den ganzen Tag. Hier geht es eher um Rückzugsorte, die für zwei, drei Kinder einladend sind und in relativer Ruhe die selbstgewählte Kommunikation zwischen Kindern fördern. Ein runder Teppich unter einem aufgehängten Schwungtuch oder gleich ein Zelt, die Höhle unter der Treppe oder dem Podest – solche Kommunikations-Nischen können noch mit besonderen Accessoires (Blumentopf, Lichtleiste, besondere Stoffe, Paillettenkissen etc.) zu inspirierenden Orten ausgebaut werden.

■ *Personalräume für das Team*

Personalräume dienen nicht nur als Garderobe und „Wertfachregalaufstellungsort“, sie werden sowohl für kleine Auszeiten im Kita-Getöse genutzt wie auch für inhaltliche und emotionale Teambesprechungen bis hin zu Supervisionen, wenn diese stattfinden. Auch hier ist eine angenehme Atmosphäre ausgesprochen förderlich (s. Abb. S. 75).

Nicht jede Einrichtung verfügt über einen solchen Raum. In diesem Fall sollte aber eine zufriedenstellende Alternativlösung geplant und eingerichtet werden. Wo trifft sich das Team zu Gesprächen? In einem der Gruppenräume auf Kindergartenstühlchen zu hocken, ist keine gute Lösung.

Sehr geehrte Leserin, sehr geehrter Leser,
uns interessieren Ihre ganz persönliche Meinung sowie Ihre Interessengebiete. Beides ist für die zukünftige Arbeit unseres Verlages sehr wertvoll. Vorteil für Sie: Über entsprechende Neuerscheinungen werden Sie regelmäßig informiert. Sie erhalten unsere Bücher im Buchhandel oder direkt beim Verlag.

Diese Karte lag im Buch (bitte eintragen!):

Verlags-Bestell-Nr. ____________

Aufmerksam wurde ich auf das Buch durch:

- ○ Verlagsprospekt
- ○ Empfehlung meines Buchhändlers
- ○ Empfehlung eines/r Bekannten
- ○ Anzeige in einer Zeitschrift
- ○ Fortbildung beim Autor
- ○ Namen des Autors
- ○ Pressebesprechung
- ○ Internetrecherche allgemein
- ○ Homepage des Verlages
- ○ Geschenk

Mein Urteil:

Ich arbeite im Fachbereich: ______________________________

Unter allen Einsendern verlosen wir kleine Aufmerksamkeiten. Ihre Rezension wird ggf. **vollkommen anonym** zu Werbezwecken verwendet.

Bitte informieren Sie mich über folgende Sachgebiete:

- ○ Entwicklungsförderung in Theorie und Praxis
- ○ Diagnostik / Frühförderung
- ○ Kita
- ○ Grundschule
- ○ Sonderpädagogik / Sozialpädagogik / Heilpädagogik
- ○ Ergotherapie / Neurologie
- ○ Sprachheilpädagogik / Sprachtherapie / Logopädie
- ○ Praktische Psychologie / Trainingsprogramme
- ○ Psychotherapie und Beratung
- ○ ____________________
- ○ ____________________

Bitte den Absender auf der Rückseite nicht vergessen!

L 9206 12_20

■ *Elterngespräche, Elternkaffee*

Dabei geht es einerseits um die manchmal rein organisatorischen, manchmal aber auch pädagogisch dringlichen Gespräche zwischen den Pädagog*innen der Kita und/oder der Kitaleitung mit den Eltern, die zumindest im letzteren Fall Vertraulichkeit erfordern. Diese ist nicht im Eingangsflur zu finden, sondern eher in den Räumen für Kita-Leitung und -Personal. Je freundlicher diese Räume gestaltet sind, desto offener wird das Gespräch stattfinden. Ein besonderes Augenmerk ist dabei auf die Beleuchtung des Gesprächsbereichs zu legen (vgl. S. 000), die nicht zu direkt auf den Scheitel gerichtet sein darf.

Wenn die Einrichtung eines gemütlichen Elterncafés räumlich möglich ist, kann dies ein zwangloser Treffpunkt für die Eltern und manchmal auch Erzieher*innen sein, die nach Kontakten und Austausch suchen. Dies war sicher schon immer ein bedeutsames Anliegen einer aktiven Kindertagesstätte, ist aber in aktuellen Krisensituationen, etwa der langen, sozial einschränkenden Coronazeit der 2020er Jahre, noch wichtiger geworden (s. Abb. S. 76).

4.3.9 Raum zum Ruhen und Schlafen

Der Schlafbedarf während der Betreuungszeit in der Kindertagesstätte ist recht unterschiedlich – auf das Krippenalter wird weiter unten spezifisch eingegangen (siehe S. 000 ff.). Das hängt einerseits vom Alter der Kinder und der Ermüdungssituation ab, andererseits haben Kinder unterschiedliche Tagesrhythmen. Dementsprechend individuell müssten die Schlaf- und Ruheangebote in der Kita organisiert werden. Da dies aber in den Einrichtungen aufgrund vieler anderer Faktoren (z. B. Liefer- und Essenszeiten) meist kaum geleistet werden kann, wird in der Regel eine Ruhezeit nach dem Mittagessen angeboten. In dieser können Kinder schlafen, oder, wenn die Aufsichtspflicht und räumliche Situation es erlauben, einer ruhigen Beschäftigung (Bücher anschauen oder leise vorgelesen bekommen, Mandalas ausmalen ...) nachgehen.

Die durch die harmonische Gestaltung hervorgerufene ruhige Atmosphäre dieses Raumes wird den genannten Funktionen gerecht.

Schlaflandschaften, wie sie auch im Praxis-Beispiel der Kita Nümbrecht (siehe S. 205 ff.) dargestellt sind, schaffen durch unterschiedliche Höhen, Nischen, geeignete Beleuchtung etc. mit einem beruhigenden und freundlichen Ambiente den Spagat zwischen Schlaf und ruhiger Beschäftigung im selben Raum.

Oft sind die Nebenräume, in denen die Ruhezeiten stattfinden sollen, recht klein, sodass es schwer ist, genügend Schlafmatten oder Bettchen am Boden unterzubringen. Einige Einrichtungen haben deshalb ein Bettenlager, aus dem zur Schlafenszeit die benötigte Bettenzahl herausgeholt und in einem anderen Raum aufgebaut werden. Dabei entsteht natürlich ein erhöhter Arbeitsbedarf und manchmal sind auch die dafür nutzbaren Räume nicht ideal (z. B. der Bewegungsraum).

Ein Podest mit mehreren Schlafplätzen

Multifunktionale Schlafpodeste, die dem Raum und der Kinderzahl entsprechend konstruiert und in den Raum eingepasst werden, helfen da weiter, denn sie bieten auf unterschiedlichen Ebenen Betten an, die im Bedarfsfall aus den Schubladen bzw. Einschubfächern des Podestes herausgezogen werden. In den Nicht-Schlafenszeiten stehen solche Podeste für anderweitige Nutzung zur Verfügung.

Eine besondere Aufgabe in Kindertagesstätten besteht auch darin, Ruhebedürfnissen abseits von Mittagsschlaf gerecht zu werden. Neben den angesprochenen Schlafräumen, die im individuellen Bedarfsfall ja möglichweise gerade anderweitig genutzt werden, liefern kleine, entsprechend vorbereitete Rückzugsräume Gelegenheit für spontane Ruhebedürfnisse (s. Abb. S 79).

In solchen Fällen verbleibt das Kind dann auch in der Gruppe, was sie oft auch möchten. Das trägt schon sehr zu ihrem persönlichen Wohlgefühl bei.

In diesen mit farbigem Plexiglas in ein „Sonnenstudio“ verwandelten Raum unter einer Treppe zur zweiten Ebene ziehen sich Kinder gerne für kurze Auszeiten zurück.

4.4 Wohlfühlräume: Die Kita als Lebensort

An vielen Stellen wurde bereits angeregt, schon aus Gründen der Effektivität mit Bildungsthemen und Lernsituationen immer auch die emotionale Lernumgebung zu verknüpfen. Auch Bewegung hat nicht nur eine motorische Seite. Wir sollten uns bewegen, machen das aber vor allem, wenn uns etwas bewegt. Bewegung ist auch Emotionalität und Motivation.

Was bewegt uns in der Kindertagesstätte? Der Wunsch, Räume nicht nur im Hinblick auf ihre Funktion zu durchdenken, sondern überall auch eine angenehme Atmosphäre, ein Sich-Wohlfühlen gewährleisten zu können, ist eine Gesamtaufgabe einer Kita, die Lebens- und Lernort zugleich sein will.

Eine „gute“ Einrichtung gibt es nicht in Serie. Wie Personen sollten auch Räume individuell und offen sein für die Individualität der Personen, für ihre Wünsche und Bedürfnisse, sofern sie in den konzeptionellen Rahmen integrierbar sind.

Eine solche Individualität steht der Zweckmäßigkeit nicht im Wege, aber sie entsteht nicht in einsamen Träger-Architekten-Entscheidungen, sondern in Partizipationsprozessen: Aus der Situation vor Ort, aus der Unterschiedlichkeit der Kinder, aus den Leidenschaften des Teams, den Interessen der Eltern oder den konzeptionellen Vorstellungen entstehen im Idealfall jeweils unterschiedliche Räume, die als lebensnahe Umgebungen eine Vielfalt von Lerngelegenheiten in für alle angenehmer Umgebung eröffnen. Die Optimierung dieser Räume im Hinblick auf die Verbesserung der Lernsituation ist ein ständiger Prozess.

Dass das Lernen in einer sozial gesicherten, als angenehm empfundenen Atmosphäre effektiver ist, belegen Forschungsergebnisse (vgl. Hüther 2010, Rathmann/Hurrelmann 2018). Dies spielt aber leider in der vielen Gebäuden zugrundeliegenden „Betriebsstättenverordnung“ keine Rolle. So wird hier eine Lux-Zahl für die Helligkeit verschiedener Räume festgeschrieben, nicht aber die Lichtqualität selbst und ihre Eignung für einen pädagogischen Zweck. Eine für alle Beteiligten als angenehm empfindbare Atmosphäre herzustellen, ist eine der zentralen Aufgaben eine Raumgestaltung, die sich u. a. in folgenden Aspekten niederschlägt:

4.4.1 Licht und Beleuchtung

Fenster und Türen sind Öffnungen für Licht, Frischluft und Kommunikation. Sie sind die Verbindung von drinnen und draußen. In jedem dieser Bereiche liegen Qualitäts- und Problemanteile. So ist die Sonneneinstrahlung als Licht für das Lebensgefühl unersetzlich, gleichwohl Quelle für eine Raumüberhitzung oder möglicherweise blendende Überbelichtung. Frischluft ist nicht gleich Zugluft, Kältebrücken können in kühleren Jahreszeiten empfindlich stören. Selbstverständlich sollten Fenster – mit einem den Gegebenheiten angepassten Schließsystem – vollständig zu öffnen sein, um die auch für die Heizperiode empfohlene Stoßlüftung zu ermöglichen.

Selbst die für Kommunikation und Sichtkontakt förderliche Fensteröffnung kann bei konzentrierten Beschäftigungen sehr stören, wenn etwa beim Vorlesen einer Entspannungsgeschichte andere Kinder

Gut beleuchtet: diese Sessel laden zum Gespräch oder zur Entspannung ein.

„an der Scheibe kleben“ und Grimassen schneiden. Auch wenn uns das Licht einfach zu viel wird, stellt sich die Frage geeigneter Abschirmung. Rollos, Vorhänge oder Jalousien, innen oder auch außen angebracht, haben jeweils Vor- und Nachteile, die in Bezug auf die geplante Nutzung in Erwägung gezogen werden können. Insbesondere bei Lichtkuppeln, aber auch an der Südseite von Gebäuden stellt die Wärmeerzeugung des Sonnenlichtes oft ein Problem dar, das Schutzmaßnahmen erfordert.

Fällt aber zu wenig Sonnenlicht ein, bietet eine Fülle künstlicher Lichtquellen Abhilfe. Die Auswahl geeigneter elektrischer Beleuchtung eröffnet eine breite Skala atmosphärischer Gestaltungsmöglichkeiten, die über die natürliche Licht-Schatten-Beziehung hinausgehen.

Hier sorgen getrennt schalt- und dimmbare Deckenleuchten für variables und zweckdienliches Licht.

Gerade künstliches Licht kann sowohl Mittel zur Raumgliederung als auch Unterstützung jeweils anstehender Aktivitäten sein: Hell- und Dunkelbereiche, warme/weiche Lichttöne bzw. helles Arbeitslicht, gleichmäßige Raumausleuchtung oder Lichtspots usw. können je nach Funktion des jeweiligen Platzes bzw. einer geplanten Aktivität zum Einsatz kommen (s. Abb. S. 82).

Bei der Einrichtung von Räumen sollte auf Veränderbarkeit, z. B. durch unterschiedliche Lichtquellen (Deckenlicht, Wandleuchten Spots ...) geachtet werden, was aber bislang in viel zu geringem Maße geschieht. Leider dominieren die geometrisch für gleichmäßige Lichtverteilung berechneten Streulichtkassetten die Decken der allermeisten Kita-Räume.

Funktionsgerechtes Licht: In diesem Schlafraum unterstützt der mit einfachen Mitteln (Brandschutz-imprägnierte Stoffbahnen, Lichterkette, Kaltlicht) vom Team hergestellte Sternenhimmel die Schlaf- und Ruhequalität. Die war mit der ebenfalls sichtbaren Originalbeleuchtung (abgehängte Neonlampen) nicht gegeben.

Lichtquellen sind geeignet, das jeweilige Thema zu inszenieren: Die fokussierte Lichtquelle über dem Tisch oder dem Bauteppich unterstützt die Konzentration auf die jeweilige Handlung, das helle Licht fördert die Farbdifferenzierung beim Malen, die dimmbare Wandlampe unterstützt mit ihrem indirekten Licht die Phantasiereise, das Einschlafen oder evtl. das Rollenspiel (s. Abb. S. 83).

Weil sich die unterschiedlichen Aktivitäten in einer Kindertagesstätte in einzelnen über die Räume verteilten Aktions- und Lerninseln abspielen, wird das einheitliche Licht einer Turnhalle oder eines Seminarraums in der Kita höchstens zum Putzen gebraucht. Die Beleuchtungsfrage stellt einen der größten Defizitbereiche unseres Kita-Alltages dar, oder, positiv gesagt, hier können wir noch sehr viel tun, um unsere Arbeit zu unterstützen.

Forderungen an eine moderne Kita-Beleuchtung

- Nicht nur einheitliche Raumausleuchtung
- Veränderbarkeit des Lichtes
  - Lichtqualität und -atmosphäre, z. B. durch Dimmbarkeit
  - Leuchtrichtung
  - Differenzierte Schaltbarkeit über mehrere Schaltkreise
  - Individuelle, themenbezogene Lichtquellen
- Zusätzliche Beleuchtung nach Bedarf (z. B. Lichterketten, Wandlampen ...)
- über die Wände verteilte Steckdosen in etwa 170 cm Höhe

Anforderungen an eine moderne Kitabeleuchtung

4.4.2 Farbe

In Wechselwirkung mit dem Licht stehen die Farben. Wer von einem Farbcharakter spricht, meint, dass eine bestimmte Farbe und insbesondere ihre Nuancierung Empfindungen auslöst. Auch wenn es eine allgemein akzeptierte Farbpsychologie gibt, sollte man sich vor allzu plakativen Wertungen (Rot macht aggressiv, Blau ist kalt ...) hüten. Erstens gibt es zu jeder Grundfarbe ein Spektrum von kalt bis warm, zweitens obliegt die Farbempfindung in hohem Maße subjektivem Geschmack. Im Allgemeinen wirken pastellige und gedeckte Farben beruhigend und eignen sich daher für Räume, in denen es ruhiger zugehen soll.

Wenn Sie sich für Wandfarben entscheiden wollen, streichen Sie die in Frage kommenden Farbtöne am besten auf einen größeren Karton (ca. 1 qm) und stellen diesen dann senkrecht an unterschiedliche Wandbereiche. So erfassen Sie die Wirkung gewählter Farben vollständiger als auf kleinen Farbkarten und haben damit eine einfache Entscheidungshilfe. Wichtiger als die Auswahl eines jeweiligen Grundtones ist die Zusammenstellung einer Farbpalette, die zueinander passt und nicht zusammengewürfelt wirkt.

Die Farbgebung im Kükelhaus-Kindergarten Mondsteinweg, Bielefeld, verbindet atmosphärische Wärme mit hohem sinnlichen Aufforderungspotenzial.

Starken Einfluss auf die Wirkung hat neben der Farbe selbst auch die Art des Farbauftrages (flächige Farbdeckung, gewischte/gebrochene Farbe, Kreuzstrichtechnik ...). In jedem Fall aber geben Farben den Räumen einen individuellen und spezifischen Charakter und unterstützen im Idealfall pädagogische Intentionen (s. Abb. S. 85).

Das individuelle Wohlgefühl ist sicherlich ein wesentlicher Indikator für gelungene Farbwahl. Es gibt hier eine Vielzahl von anregenden Büchern, die helfen, eigene Vorstellungen zu spezifizieren (z. B. Chiazzari 2007).

Farbe kann auch Raumdimensionen verändern und hierfür ganz bewusst eingesetzt werden. So wird man nicht einen langen schmalen Raum an den Längsseiten dunkel streichen, denn dies würde den Raum in unserer Empfindung noch schmaler machen. Eine tiefe Decke streicht man möglichst hell, um sie zu „heben". Streicht man darüber hinaus an der Oberkante der Wand einen etwa 1 – 2 cm breiten Streifen ebenfalls in Deckenfarbe, wird der luftige Eindruck noch verstärkt.

Mit dem Lichteinfall verändern sich die Farben in unserer Wahrnehmung: Je näher der Wandbereich dem Fenster kommt, desto heller erscheint die Farbe. Wollen wir dem entgegenwirken, könnten wir die Farbe in einem gegenteiligen Farbverlauf streichen. Je weiter die Wand vom Fenster entfernt ist, desto heller wird sie.

4.4.3 Mobiliar

Auch unter dem Aspekt der anregenden Atmosphäre soll an dieser Stelle noch einmal das Mobiliar thematisiert werden. Natürlich muss das Kita-Mobiliar robust sein. Hierfür bieten die meisten Ausstattungskataloge eine Vielzahl von spezifischen und auch funktionsgerechten (allerdings meist standardisierten) Möglichkeiten. Auch an Robustheit fehlt es vielen Fabrikaten nicht. Robustheit darf allerdings nicht mit harter Oberfläche verwechselt werden. Auf einer mit gehärtetem Lack überzogenen Möbelfläche ist es sicher schwieriger, Spuren zu hinterlassen. In gewissem und sicher unterschiedlich toleriertem Maße sind es aber gerade diese Spuren, Kerben, Schrammen, die das Möbelstück „lebendig“ machen und den Beleg seiner Nutzung liefern. Wirklich robust sollten hingegen die Holzverbindungen sein. Sie entscheiden darüber, wie lange das Mobiliar verwendet werden kann.

Zu empfehlen ist gerade bei relativ neuen Einrichtungen, nicht nur mehr oder weniger moderne Katalogware zu verwenden, sondern auch durch bewährte, vielleicht sogar antike, „Patina“-gezeichnete Möbelstücke Atmosphäre und Nutzungsgeschichte in die Kinderräume zu bringen. Diese Möbel sind meist ebenfalls von hoher Qualität, sollten nach der erwarteten Funktion ausgewählt werden und geben einen Raum zudem eine individuelle Note.

Ein alter Küchenschrank im Foyer der psychomotorischen Kita „Wolke 7“.

Für die spezifischen Zwecke und Gegebenheiten eines Kita-Raumes kann eine motivierte Schreiner*in genau passende Einrichtungsgegenstände bauen, deren Holzoberfläche auswählbar ist. Wichtig dafür ist, dass die Handwerker*innen vom Team gut über den Einsatzzweck und die genauen eigenen Vorstellungen informiert werden, damit diese Möbelstücke dann auch ihren Erwartungen entsprechen.

4.4.4 Räume, die das Wohlfühlen direkt zum Ziel haben: Holzöfen und Kamine

Nicht nur viele Waldorf-Kitas verfügen über einen oder mehrere z. T. offene Kamine, die in der Kita mehrere Funktionen haben. Mit einem offenen Kaminfeuer sind elementare Erfahrungen für die Kinder verbunden. Auch wenn das Spiel mit dem Feuer in Innenräumen sicher

Dieser Kaminofen wird vom zentralen Flur der Einrichtung aus befeuert. Er setzt sich in Form von Wärmebänken in die Gruppenräume fort, wo Kinder sich im Winter aufwärmen oder ihre feuchte Kleidung trocknen können.

nicht unproblematisch ist, bekommen Kinder einen in unserer Zeit bedeutend werdenden Zusammenhang. Holz ist Energie, die über die Verbrennung zu Wärme wird. Das können Kinder hier in der kalten Jahreszeit hautnah spüren – die ferngesteuerte Bodenheizung liefert solche Eindrücke nicht.

Die Wärme eines knisternden Ofens wird als angenehm empfunden. Dies ist der eigentliche Grund, warum solche Feuerstellen in Innenräumen von Kitas zum Einsatz kommen und warum wir ja nicht selten auch selbst einen Ofen in der Wohnung aufstellen.

Raum der Stille

Ein großes Problem vieler Einrichtung ist der oft sehr hohe Geräuschpegel, der nicht nur störend, sondern für Kinder wie auch für Erzieher*innen gesundheitlich bedenklich sein kann. Andererseits sind viele Menschen auf einem so kleinen Raum selbstverständlich eine hohe Geräuschquelle – und Bewegung ist laut!

Räume der Stille mit besonderem, ...

Seit einigen Jahren wurde diesem Problem auch in Kindertagesstätten mit einem besonderen ursprünglich religiös motivierten Konzept Rechnung getragen: dem „Raum der Stille“. Diese Räume können unterschiedlichen Zwecken dienen, hier können die Pädagog*innen wie auch die Kinder, als Gruppe oder auch einzeln, abschalten und sich buchstäblich in Ruhe erholen. Es gilt nur Rede- und Tobe-Verbot. Einen solchen Raum kann man auch mit wenig Aufwand in einem fast beliebigen Nebenraum, der allerdings in einem ruhigeren Kita-Bereich liegen sollte, einrichten.

... unterschiedlichem Ambiente

4.4.5 Raumakustik und Schalldämmung

In allen pädagogischen Einrichtungen für Kinder wird die Erfahrung gemacht, dass der von Kindern und ihren Aktivitäten ausgehende Lärm als belastend empfunden wird. Eine große, von den Unfallkassen initiierte Studie zur Gesundheit am Arbeitsplatz von Erzieher*innen wies einen sogar krankmachenden Effekt nach, der zu hohen

Fehlzeiten führt (UK NRW (Hrsg. 2014) „Gesundheit am Arbeitsplatz Kita“). Wird der Gesichtspunkt der Geräuschentwicklung zu wenig berücksichtigt oder gar in der Gebäudekonstruktion der Kita ganz ver-

Dieser Bewegungsraum war als Zentrum der Einrichtung gedacht, die eben auf Bewegung starken Wert legen wollte. Er liegt vertieft und nach oben offen im Zentrum des Gebäudes und ist im oberen Teil mit einem Rundgang umgeben, von dem aus Fenster einen Einblick gewähren. Von diesem Rundgang gehen die Zugänge in die Gruppenräume ab. Die Geräuschentwicklung in diesem Bewegungsraum ist bei Benutzung so stark, dass sich die Kinder und Erzieherinnen in den umgebenden Gruppen massiv gestört fühlen. Ergebnis: der Bewegungsraum wird nur noch genutzt, wenn sich die anderen Gruppen im Außengelände befinden!

nachlässigt, führt dies nicht nur zu gesundheitlichen Auswirkungen, sondern erschwert das komplette Leben in der Einrichtung.

Wenn dieser Zusammenhang noch allgemein akzeptiert ist, entziehen sich andere Wechselwirkungen von Schall und Atmosphäre oft unserer Aufmerksamkeit. So ist das „stille Örtchen“ oft in kleinen, gekachelten, mit Spiegeln, Fensterflächen und Sanitärkeramik ausgestatteten Waschräumen untergebracht, deren Überakustik („Nachhallzeit“) bereits beim Betreten dieser Räume dem Laien wie „Wattegefühl in den Ohren“ bemerkbar wird.

Ein Kita-Waschraum ohne Schallschutz und mit überwiegend harten Oberflächen

Solche Räume sind in der Lage, Menschen zu ängstigen – sie werden gemieden. Was dies für den beginnenden Prozess der Körperhygiene bedeutet, lässt sich unschwer erkennen. Eine Weisung von Landesjugendämtern, unter dem Thema „Schutz der Intimsphäre" sogar für unter 3-jährige Kinder die Toiletten mit 1,80 m hohe Türen zu verschließen, wird von diesen Kindern nicht als Schutz, sondern als zusätzliche Bedrohung empfunden und unterstützt das Vermeidungsverhalten.

Umso wichtiger ist eine Berücksichtigung von Schall und Rückkopplung in der Raumplanung. Die Verwendung schallschluckender Decken- oder Wandplatten sollte für alle Kita-Räume selbstverständlich sein. Darüber hinaus stehen schalldämmende Anstriche (z. B. Sajade) und spezielle Akustikelemente am Markt zur Verfügung. Zudem lassen sich mit einer geeigneten Möblierung, Zimmerpflanzen, Vorhängen oder Deckensegeln Geräusch dämpfende Wirkungen erzielen.[13]

4.5 Spezifische Aspekte der Raumgestaltung im Hinblick auf Kleinkinder und Krippen

Die genannten Kriterien einer Gestaltung geeigneter Innenräume gelten für alle Altersgruppen der Kita. Im Hinblick auf Kleinkinder, die ja durch eine entsprechende gesellschaftliche Entwicklung einen immer größeren Teil der Kita-Klientel ausmachen, kommen zusätzliche Gesichtspunkte für die Raumgestaltung in den Fokus:

4.5.1 Hilfen zur Mobilität

Vorweg ein Praxisproblem: Die Kita ist zum Ort eines Großteils der Mobilitätsentwicklung geworden. Nicht wenige Kinder lernen erst im

13 Gute Tipps zur Minimierung von Geräuschbelastungen finden sich in der Broschüre der UK NRW (2012): Lärmprävention in Kindertageseinrichtungen.

Krippenalter das Laufen, bei anderen ist es noch nicht so sicher, dass sie schon selbständig in die Kita kommen könnten. In städtischen Gegenden werden viele Kinder in diesem Alter mit dem Kinderwagen gebracht, ansonsten wohl eher mit dem Auto oder Rad. Insgesamt wächst aber der Druck auf die Einrichtungen, überdachte und sogar im Winter gewärmte Stellflächen für Kinderwagen vorzuhalten. Diese Räume müssen logischerweise nah am Eingang sein (s. Abb. unten).

Ob extra angebaut oder intern umfunktioniert – hier nehmen parkende Kinderwagen den Kindern wertvollen, knappen und dringend benötigten Bewegungsraum weg. Im dringlichen Einzelfall sollte gemeinsam mit Eltern eine Lösung gefunden werden, insgesamt ist aber anzuraten, diese Parkfunktion auf das dringlich benötigte Maß zu beschränken.

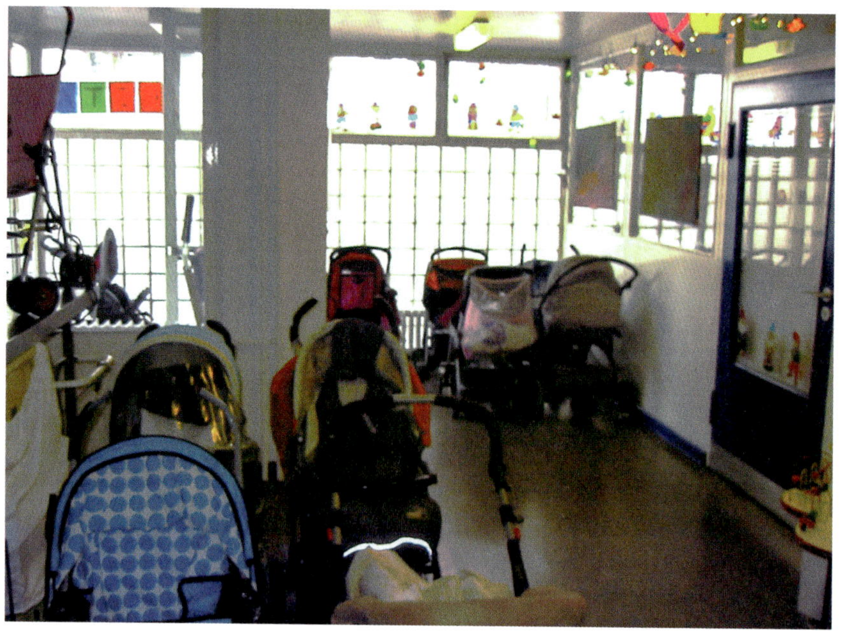

Mit der wachsenden Zahl an Kleinkindern hat sich der zu fördernde Bewegungsbedarf von spezifischen Bewegungsräumen wie einer Turnhalle in die direkt Lebenswelt der Krippenkinder verschoben. Der erlebbare Gruppenraum muss zum Bewegungsraum werden, in dem die wesentlichen „archaischen" Bewegungsbedürfnisse wie schnell und langsam werden (Beschleunigung), sich um Körperachsen drehen (Rotation) sowie Schwung- und Schaukelbewegungen (Schwingung) (Lensing-Conrady 2001, siehe auch S. 21 ff.) unmittelbar erfahren werden können. Hier reicht also kein glatter Fußboden. Aber mit einigen untergelegten Teppichrollen wird auch der Standardteppich zur Berg- und Talbahn. Geeignet dazu sind wie beschrieben (S. 55 ff.) Podest-Landschaften mit unterschiedlichen Höhen und Schrägen sowie einer Deckenaufhängung, an der z. B. ein Fender (weicher Sitzball) hängt.

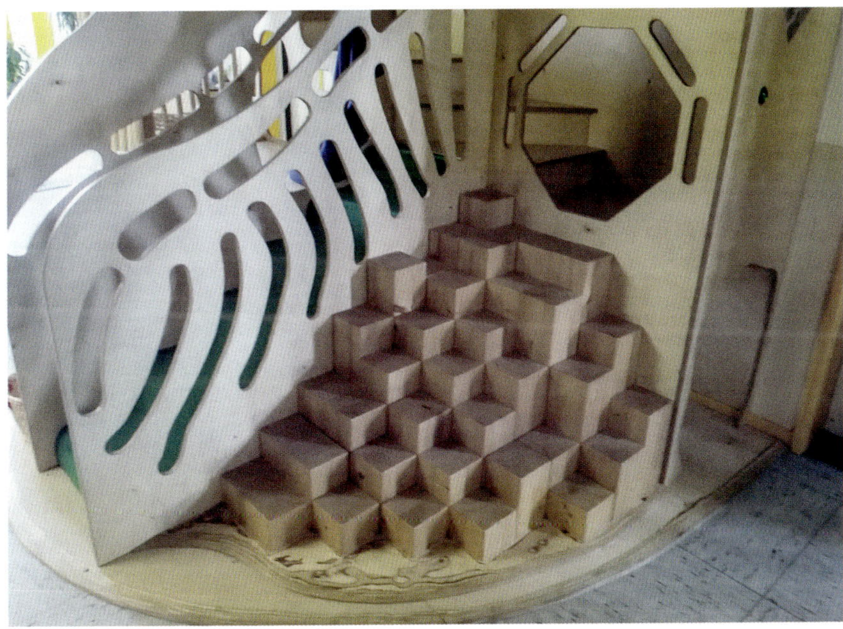

Dieses Podest bietet unterschiedlichste Bewegungsanlässe.

4.5.2 Berücksichtigung unterschiedlicher Körpergrößen

Unterschiedlich groß waren die Kinder immer schon, und damit hätte auch immer schon Anlass bestanden, die Waschbecken, Toiletten, Kinderküchen u. v. a.m. unterschiedlich hoch aufzuhängen, Tisch – und Stuhlhöhen anzupassen. Mit den Krippenkindern kommen aber z. T. sehr viel geringere Körpergrößen in die Kita, und viele aus dem früheren Kindergarten übernommene Möbel sind im wahrsten Sinne nicht auf der Höhe der Zeit.

Diese flexible Krippenbestuhlung kann durch Drehen unterschiedliche Sitzhöhen bieten und durch Kippen als Tisch gebraucht werden ...

Veränderbare und/oder mitwachsende (Sitz-)Möbel oder variationsreich bespielbare Esspodeste sind geeignet, altersgemäße und Größen angepasste Lernsituationen herzustellen.

Im Wasch- und Wasserraum muss das Wasser auch für kleine Kinder erreichbar sein. Hinzu kommt eine noch nicht so ausgereifte Bedienmotorik. Also brauchen die Kinder in der Krippe lange Bedienhebel, mit denen sie selbsttätig an das Wasser kommen.

Eine niedrige Toilette für Krippenkinder

Die erlebbare Umgebung von Krippenkindern sollte ihrem Ist-Stand entsprechen. So sinken kleinere Kinder vor allem aufgrund noch nicht ausgeprägter Hüftmuskulatur in die Toilettenschüssel, wenn nicht spezifische, ergonomisch entwickelte Toilettenbrillen verwendet werden. Bei altershomogenen U3-Gruppen sollten gleich kleine Toilettenschüsseln verwendet werden, wie sie inzwischen im Fachhandel auch erhältlich sind.

4.5.3 Höherer Bedarf nach Bindung

Je kleiner die Kinder sind, desto weniger entwickelt ist ihre Verselbständigung und ihre Ablösungsfähigkeit von den Bezugspersonen. Für die Kita muss das ganz praktische Konsequenzen haben: Die großzügige Fensteröffnung in der Tür ermöglicht es dem Kind eher

Raumtür mit Fenster

nachzuvollziehen, dass seine Bezugsperson nicht einfach weg ist, sondern gerade einen Besen etc. aus dem Flur holt und gleich wieder da ist.

Da Krippenkinder oft der Erzieherin hinterher zu kommen versuchen, sind sie bei Rückkehr hinter der Tür zu finden. Der Überblick für die Betreuungsperson, wer da hinter der sich gleich öffnenden Tür sitzt, ist für sie natürlich auch sehr hilfreich (s. Abb. S. 99).

Die soziale Eingebundenheit und Geborgenheit ist für Kita-Kinder insgesamt von großer Bedeutung, bei Krippenkindern mit ihrem Bindungsbedarf elementar. Deshalb sollten Krippenräume so gestaltet werden, dass alles, was am Tag gebraucht wird, möglichst schon im Raum ist.

Dieses niedrige Fenster vom Gruppenraum zum Waschraum soll den Kindern Orientierungssicherheit und ein Gefühl von Nähe und Dabeisein geben.

4.5.4 Höherer Schlaf- und Ruhebedarf

Die Angaben, wie viel Schlaf Kleinkinder brauchen, differieren. Klar ist, dass das Schlafbedürfnis bei einem einjährigen Kind mehr als die Hälfte der Tageszeit (nachts ca. 12 Std. sowie tagsüber noch mal ca. 2,5 Std.) einnimmt, dann mit dem Alter abnimmt, individuell unterschiedlich wird und sich auf weniger Phasen (z. B. Mittagsschlaf) konzentriert (vgl. Haug-Schnabel/Bensel 2006, S. 17 f.). Diese Dynamik lässt es auch mit Blick auf die begrenzte Gesamtfläche der Kita nicht gerechtfertigt erscheinen, für alle Krippenkinder verbindlich festgelegte Schlafräume zu fordern, die den ganzen Tag für Schlafbedürfnisse zur Verfügung stehen. Auch hier ist eine Multifunktionsüberlegung vorzuziehen.

Die Forderung nach einem gesonderten Schlafraum führt in Verbindung mit der meist knappen Raumzahl und -fläche nicht selten zu einer Renaissance längst überwunden geglaubter Bedingungen: Oft doppelstöckige Gitterbetten sind aus psychomotorischer Sicht schon deshalb abzulehnen, weil sie der Verselbständigung der Kinder ent-

Dieses „Bett“ ist Teil eines Klettereinbaus im Raum einer Kinderkrippe. Wenn den Kindern danach ist, treffen sie sich hier zum Ruhen, Kuscheln, Erzählen ...

gegenstehen. Kinder sollen früh lernen, ihre Körperfunktionen, also auch den Grad ihrer Müdigkeit, wahrzunehmen und sich daraufhin zum Schlafen oder für das Aufstehen entscheiden zu können. Dem steht die Verabredung von Ritualen oder festen Ruhezeiten nicht entgegen.

4.5.5 Höherer Pflegebedarf

Auch ein Wickelraum kann und sollte ein vieldimensionaler Lernraum sein. Natürlich, Wickeln ist auch ein Akt, der gut organisiert sein will: Eine breite Wickelauflage, am besten vom Tisch aus erreichbare und gut zugängliche Fächer für den Wickelbedarf und eine neben der Wickelauflage eingebaute Duschwanne mit einem am Schlauch herausziehbaren Duschkopf machen diese häufige Pflegearbeit einfacher, hygienischer und angenehmer.

Aber Wickeln ist doch weit mehr als ein Akt der Körperhygiene. Hier findet ein wesentlicher Teil des Identitäts- und Beziehungsaufbaus

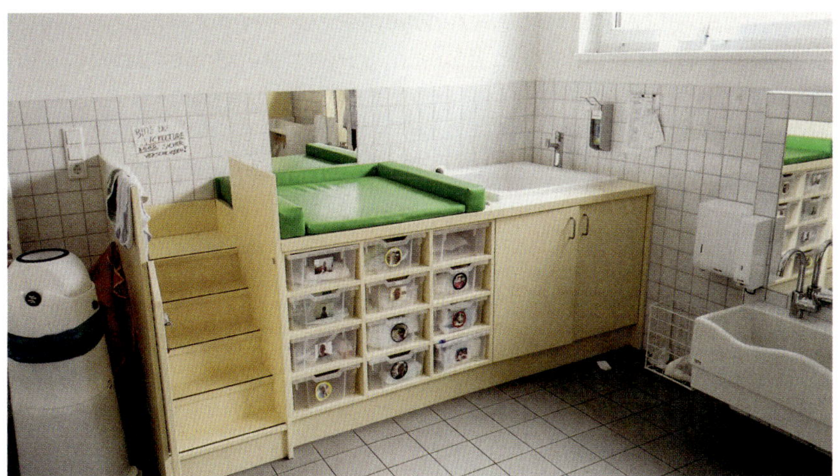

Diese Wickelanlage unterstützt den Arbeitsablauf beim Wickeln effizient.

statt. Haug-Schabel/Bensel (2006) weisen unter Bezugnahme auf Emmi Pikler auf die Bedeutung der „beziehungsvollen Pflege" für den Vertrauensaufbau, aber auch für die Unterstützung von Kommunikationsstrukturen und Selbstwirksamkeitserfahrungen hin. Angenehmes Licht, warme Farben und die Vermeidung von Überakustik spielen hier eine unterstützende Rolle.

Angenehmer und rückenschonender für die Erzieherin wird es sicher auch, wenn ein Kind nicht auf den Wickeltisch gehoben werden muss, sondern diesen über eine Treppe selbst erreichen kann, was wiederum dem eigenen Wunsch des Kindes, gewickelt zu werden, besonderes Gewicht verleiht. Eine fest eingebaute Treppe ist sicher von Vorteil und kann mit Regalfunktionen kombiniert werden. Dass sich die Bauart eine Treppe auch nach den Gegebenheiten des Raumes richten muss, ist selbstverständlich. Es sollte aber immer darauf geachtet werden, dass die (ggfs. ausziehbaren) Treppen nicht die Laufwege versperren, sicher halten und ohne großen Aufwand genutzt werden können. Im Zeitalter der Rolltreppen und des Bewegungsmangels kann aus psychomotorischer Sicht eine „moderne" Liftanlage sicher nicht positiv bewertet werden, wobei noch hinzukommt, dass der Hubraum, also der Bereich, in dem die Kinder bewegt werden, als Materiallager verloren geht.

Das Kind setzt sich auf dem Wickeltisch nicht nur mit der ErzieherIn, sondern auch mit sich selbst intensiv auseinander. Sinnlich anregendes Ambiente wie ein über dem Wickelbereich aufgehängter Spiegel verstärken diese Erfahrungen.

Vorbildlich: Effiziente Arbeits- und Lernumgebung in angenehmer Atmosphäre im Wickelraum.

5. Entdeckerfreuden im Garten – Aspekte der Außenraumgestaltung

Vorweg: In diesem Kapitel werden „Garten" und „Außengelände" wie Synonyme verwendet. Im Sprachgebrauch wird der „Garten" eher im süddeutschen Raum, das „Außengelände" vorwiegend im Norden und in der Mitte Deutschlands verwendet.
Das Außengelände nach inhaltlichen Kriterien, zum Beispiel als Bewegungsraum, herzurichten und pädagogisch zu nutzen, hat im Zusammenhang von Kindertageseinrichtungen eine lange Tradition. Im Vergleich zum Schulstandard sind die Außenbereiche von Kindertagesstätten seit jeher vielseitiger und ansprechender gestaltet. Sie werden nicht nur für kompensatorische Pausen, sondern als selbständiger Lern- und Lebensraum genutzt.

Gerade Letzteres ist aber in der Regel bei Weitem nicht ausgeschöpft. Die pädagogische Erschließung der vielfältigen Funktionen des Außenraums birgt noch größere Potenziale für frühkindliche Bildung.

5.1 Funktionen des Außengeländes

Es gibt eine Reihe von Gründen, die es lohnend erscheinen lassen, das Außengelände noch stärker in die pädagogische Arbeit einzubinden, als es bisher schon geschieht. Einige davon seien kurz zusammengefasst.

Neben diesen intrinsichen Potenzialen kommt der Nutzung des Außenraumes in pädagogischen Zusammenhängen aktuell weitreichendere gesundheitsfördernde Bedeutung zu. Wer der vom amerikanischen Wissenschaftler und Autor des viel beachteten Buches „Das letzte Kind im Wald" (Louv 2005) beschriebenen Symptomatik eines „Natur-Defizit-Syndroms" noch nicht so recht folgen kann, sei auf die Studien zur weltweiten Kurzsichtigkeitsentwicklung bei Kindern und Jugendlichen verwiesen, die die zunehmende Kurzsichtigkeit als wachsende und ernsthafte Gesundheitsbedrohung zum Ausgangspunkt sehr differenzierter Untersuchungen nehmen. Zusammenfassend sei hier nur berichtet, dass der in pädagogischen Zusammenhängen steigende Rückzug in „zweckdienlichere“ Innenräume und der entsprechend geringere Lichteinfall als Ursache einer Deformation des Augapfels erkannt wurden, die in erster Linie zu dieser Krankheit führen. Zuversichtlich stimmen daraufhin eingeleitete Maßnahmen einer stärkeren Expostionszeit im Außengelände (so wurde in Taiwan jeder pädagogisch genutzte Tag mit der Auflage bedacht, jeden Tag mindestens drei Stunden der Lernzeit draußen zu verbringen), die diese Krankheit in wenigen Jahren zurückdrängen konnten. Einer verstärkten Nutzung des Außengeländes kommt wachsende gesundheitliche Bedeutung zu.

- Bewegungsraum: größere Fläche, die Höhe der Bäume, unterschiedlichere Bodenniveaus ...
- Licht und Luft: helleres Licht, frischere Luft, größere Temperaturschwankungen ...
- Elemente/Natur erfahren: Erde, Wasser, Feuer und Luft sind „einfach“ da ...
- Nachhaltigkeit kennenlernen: Die Natur ist komplett recycelbar ...
- Beiträge zum Klimaschutz
- Kreisläufe erleben: Jahreszeiten, Tag – Nacht, Lebensgemeinschaften, Leben – Sterben ...
- Lebensgrundlagen schaffen (Ernährung): Gartenbau, Landwirtschaft, Beerensammeln ...
- Vielfalt (Biodiversität) wahrnehmen: Vielfalt von Pflanzen, Tieren, Materialien ...

- Eigenarten akzeptieren/tolerieren: Stachelbeeren – pieksig, aber lecker ...
- Einflüsse auf die Umwelt kennenlernen: Unser Verhalten (z. B. Pflege, Vernachlässigung, Beschädigung ...) hat direkt erlebbare Auswirkungen. Sowohl positiv (Kunst, Gartenbau ...) als auch negativ (Müll, Flächenversiegelung ...)

Warum das Außengelände stärker genutzt werden sollte. Beispiele besonders vorteilhafter Lernfelder in der Natur.

Auch in ganz anderen Zusammenhängen zeigt sich die gesundheitliche Bedeutung des Außenbereichs. Das Leben in unseren Städten ist von den vor allem vom Autoverkehr verursachten Stickoxidbelastungen beeinträchtigt. Ein Maßnahmenbündel betrifft die Begrünung von Mauern, Zäunen oder Betonmauern, von denen Städte wie Stuttgart oder Berlin einen luftreinigenden, Stickoxid bindenden und die Luftfeuchtigkeit angenehm erhöhenden Effekt erwarten.

Aber was gehört zum Außengelände? Ließen sich nicht auch die Fassaden von Kitas begrünen? Was ist mit der Wiese oder dem Spielplatz in der Nachbarschaft? Muss unser Blick am Zaun enden?
Raumgestaltung heißt immer auch, über den Tellerrand zu schauen und von anderen Erfahrungsbereichen zu lernen: Je nach Situation der einzelnen Kindertagesstätte könnten begrünte Wände, aber auch Hecken, Spalierobst und anderes mehr zum Einsatz kommen, um zur Verbesserung der Luftqualität und zum Wohlgefühl der Beteiligten beizutragen (s. Abb. S. 106).

Zu dem Kriterium des Wohlfühlens kommen in den folgenden Betrachtungen und Vorschlägen natürlich die Bewegungs- und Bildungsdimensionen hinzu, die von einem entsprechend gestalteten Gelände ausgehen. Zudem werden vor allem im Hinblick auf die Krippenkinder die vielfältigen elementaren Erfahrungen thematisiert, die im Außenbereich ganz unmittelbar erfahrbar sind.

„Living wall", mit der Begrünung von Hauswänden wird die Luftqualität verbessert (© Adam Sébire/Stocksy – stock.adobe.com).

5.2 Allgemeine Gesichtspunkte der Geländegestaltung

Wie in der Natur auch, stehen bei der Geländegestaltung viele Faktoren im Zusammenhang. Welcher Baum verträgt oder bevorzugt diesen oder jenen Standort? Wie groß werden bestimmte Pflanzen und wie beeinflussen sie sich? Was verträgt Sonne, was nicht? Wie sollte ein Fahrweg für Roller oder andere Kita-Fahrzeuge aufgebaut sein, damit er viel Jahre hält.
Es gibt Fachbücher und auch versierte Berater*innen für diese Fragen, dazu zählen insbesondere auch Landschaftsgärtner*innen und -architekt*innen. Vor allem bei der Neuanlage eines Kita-Geländes sollten Sie sich nicht damit zufriedengeben, dass der Garten von der Architekt*in quasi nebenbei „mitgemacht" wird.
Im Folgenden geht es aber erst einmal darum, im bestehenden Außengelände der Kita geeignete Maßnahmen zu treffen, um möglichst viel Nutzen und Freude für die pädagogische Arbeit zu erwirken.

5.2.1 Freiraum statt Zergliederung

Begegnet werden soll zunächst einmal der Versuchung, jeden Quadratmeter zu verplanen beziehungsweise für eine spezifische Funktion, z. B. feste Spielgeräte, zu nutzen. Eine wesentliche Aufgabe der Geländeplanung liegt in der Erhaltung von Freiräumen, die flexibel für unterschiedliche Angebote und Beschäftigungen genutzt werden können (s. Abb. S. 108).

Statt einer Zergliederung des vorhandenen Geländes mit Spiel- und Bewegungsgeräten sollte darauf geachtet werden, dass genügend freie Fläche (Wiese, Terrasse, Sonstiges) erhalten bleibt, die wahlweise für eine Bewegungsbaustelle oder gemeinsame Spiel- und Bewegungsaktivitäten genutzt werden kann.

So nicht ...

... aber so!

Konzentration statt Zergliederung: Statt die Gerätschaften über die Fläche zu verstreuen sollten sie an geeigneten Stellen konzentriert werden, um Freiraum zu erhalten.

5.2.2 Naturbelassenheit statt Überpflege

Ein Gelände, das sehr intensiv „gepflegt“ wird, verliert schnell seine Naturbezüge. Ein Kita-Außengelände ist kein Golfplatz, an dem sich einige Aktivitätszonen mit intensiv gemähtem Hochleistungsrasen, den es schnell zu überbrücken gilt, abwechseln. Es braucht einen sensiblen Bezug von Naturbelassenheit und gestaltendem und pflegendem Eingriff[14]. Ein Blumenbeet, ein Nutzgarten, eine Baumscheibe[15] für das Obstgehölz usw. sollten angelegt und gepflegt sein, aber ein Rasen darf (in einem gewissen Maß) Gänseblümchen, Wiesenschaumkraut und auch Löwenzahn enthalten.

Ein naturnahes Außengelände

---

14 Eine sehr gelungene Broschüre zur Argumentation für naturnahe Außenräume stellte das Sächsische Staatsministerium für Kultus (2018) vor.

15 Eine „Baumscheibe“ ist eine meist runde Fläche um den Baumstamm herum, in der der Boden möglichst gelockert ist, v. a. um Wasser besser aufnehmen zu können.

Und ein üppiger Strauch-, Weiden-, Schilfgras- oder Bambusbestand lädt viel eher zum Spiel und/oder Versteck ein, als bodendeckender jährlich radikal geschnittener Cotoneaster[16].

5.2.3 Geländevariationen statt monotoner „Übersichtlichkeit"

Hierzu gehören unterschiedliche Bodenniveaus mit Hügeln, Kuhlen, Kurven, Brücken oder Tunneln. Die Voraussetzungen in den Kindertagesstätten sind dafür recht verschieden. Wenn etwa eine Einrichtung in der Landschaftsschräge liegt, fehlt ihr nicht selten ein geeigneter Platz zum Ballspiel. Liegt sie aber in einem komplett ebenerdigen Gebiet, müssen Hügel und Kuhlen künstlich angelegt werden. Gegenüber „gewachsener" Erde ist aufgeschüttete Erde immer flüchtig. Sie wird von Kinderfüßen stärker abgetragen. Gras hilft da nur eine Zeit lang. Dies ist ein Vorgang aus dem normalen Nutzungsalltag einer Kita, keine Katastrophe.

Aber selbstverständlich gibt es Anlass und Möglichkeiten, dieser Erosion zu begegnen: Solche Möglichkeiten hängen von Faktoren ab wie Qualität des Bodens, Winkel der Schräge, Konstruktion des Hügels insgesamt sowie seine Position im Gelände. In Frage kommen Terrassierungen, bei denen der Boden in bestimmten Abständen aufgefangen wird. Unterkonstruktionen wie Grasmatten aus Gummi, die den Boden stärker halten, Verflachung der Schrägen, Verstärkung des Bewuchses, Flankierungen mit Baustämmen usw. Es ist hier sicher ratsam, sich von Fachleuten vor Ort beraten zu lassen.

Beim Bau der psychomotorischen Kindertagesstätte Wolke 7 in Bonn wurde eine bis dahin komplett flache Schafswiese zum Kitagelände. Die wesentlichsten Vorarbeiten für das Gelände betrafen das Verschieben und Aufschütten des Erdreichs zu Kuhlen, Hügeln und Bo-

16 Zwergstrauch, gehört zur Familie der Zwergmispeln, flach kriechend, gut flächendeckend. Triebe mit Bodenkontakt bilden sogenannte Adventivwurzeln.

Ein variationsreiches Außengelände

denschrägen. Unterschiedliche Niveaus und Variationen in der Geländegestaltung sind ein Herzstück der Gartenqualität. Ein flacher, nur geradeaus führender Fahrweg ist schnell langweilig. Hügel zu erklimmen, ins Tal zu laufen etc. sind dagegen „Dauerbrenner".

5.2.4 Unterschiedliche Bodenbeschaffenheit

Jede Kita hat einen Sandbereich. Die meisten Kitas nutzen ein Stück Rasenfläche. Wege und Flächen sind oft gepflastert. Unter mancher Schaukel gibt es ein Kiesbett oder Rindenmulch. Unter dem Baumbestand sammelt sich das Laub.

Im Beet wird die Erde umgegraben und in der „letzten Ecke" dient diese nach Regenzeiten als Matschloch. Alle diese Untergründe haben ihre Berechtigung. Hintereinander gereiht, am besten noch mit unterschiedlicher Sonneneinstrahlung, ergeben sie einen perfekten Fußerfahrungsparcours.

5.2.5 Pflanzenvielfalt

Jede Pflanze hat ihren Sinn. Alle tragen zum Erfahrungsreichtum bei, manche sollten aber nicht in der Kita verwendet werden, weil sie z. B. giftig sind[17]. Pflanzen haben ihre Eigenarten: Wenn sie hoch genug wachsen, bieten sie Schutz vor Sonne und (in Maßen) vor Regen. Auf die eine darf ich klettern, auf die andere eher nicht. Wenn sie Stacheln haben, schützen sie sich vor Beschädigung. Wenn sie reich blühen, locken sie nicht nur viele Insekten an, sondern erfreuen auch unser Auge.

Eine Blumeninsel in der Kita

Manche Früchte oder gar ganze Pflanzen sind essbar bis ausgesprochen wohlschmeckend. Gut ausgewählte Obst- und Nussbäume kön-

17 Eine Broschüre der gesetzlichen Unfallkassen informiert über giftige Pflanzen, die im Kitagelände gemieden werden sollten.

nen nach einigen Jahren einen nennenswerten Beitrag zum Speiseplan der Einrichtung leisten. Angesichts der Klimaveränderung und abhängig von der jeweiligen Bodenqualität ist ein erfolgreiches Wachstum oft nur mit zusätzlicher Bewässerung möglich. So braucht der im Frühjahr frisch angelegte Weidentunnel im Jahresverlauf und wahrscheinlich auch im Folgejahr regelmäßige zusätzliche Wasserversorgung, bevor er dann in den Folgejahren so verwurzelt ist, dass er sich sein Wasser selbst besorgen kann. Bei vielen Jungbäumen ist dies genauso, dauert aber länger. Hier haben sich Gießsäcke bewährt, die relativ wenig, aber dauerhaft Wasser an den Boden abgeben und nur von Zeit zu Zeit nachgefüllt werden müssen.

Angesichts des vertrockneten Bodens sind hier Gießsäcke sehr hilfreich.

Es bedarf einer bewussten Entscheidungsfindung im Hinblick auf den zu erwartenden pädagogischen Nutzen, mit welchen Pflanzen wir das Außengelände ausstatten.

5.2.6 Strukturierung des Geländes

In den meisten Außengeländen sind unterschiedliche Nutzungsbereiche vorhanden, etwa ein Sandbereich, eine Spielwiese, eine Schaukel, ein Fahrweg oder auch ein Nutzgartenbereich. Es hilft auch den Kindern in der Wahl ihrer Aktivitäten, wenn die genannten Aktivbereiche optisch und funktional voneinander getrennt sind. So werden Schaukel oder Fahrweg deutlich weniger unfallträchtig, wenn sie richtig im Gelände positioniert und von anderen Aktivbereichen getrennt sind.

Ein Tor zum Kräutergarten

Der Kräutergarten lebt länger, wenn ein Eingangstor symbolisch verdeutlicht, von woher der Zutritt erfolgen sollte. Dabei hilft auch, wenn eine kleine Blumenmauer klar macht, wo der Rasenfreiraum endet.

Diese Murmelbahn ist in einen halbierten Baumstamm eingefräst.

Vor allem, wenn das Gelände abschüssig ist, kann die Abgrenzung der einen von der anderen Fläche auch mit einer attraktiven, immer zum Laufen und Erproben einladenden Murmelbahn erfolgen.

Eine solche Murmelbahn kann unterschiedlich und veränderbar ausgestaltet sein, ist attraktiv und für Kinder ein ständiger Bewegungsanlass. Gleichzeitig unterbricht sie die Laufgeschwindigkeit quer zu den abgetrennten Gartenbereichen.

5.2.7 Wasser und Wasseranschlüsse

Außenanschlüsse für Leitungswasser sind sicher nicht nur zur Bewässerung der Pflanzen in den trockeneren Sommermonaten wichtig, sondern auch für unterschiedliche Spiel- und Erfahrungsbereiche, etwa für Matschanlagen, Hochbeete oder Wasserspiele.

Schon aus ökologischen Gründen sollte aber auch daran gedacht werden, den Wasserverbrauch zu reduzieren. Eine gute Idee dazu ist der Einbau einer Kuh-Tränke am Anfang der Wasserbahn, wodurch der Wasserfluss aktiv und immer wieder in Gang gesetzt werden muss. Damit wird verhindert, dass das Wasser dauerhaft läuft.

Soweit vorhanden oder zugänglich, sollten natürliche Wasserquellen (in Zisternen aufgefangenes Regenwasser, vorhandene Bachläufe etc.) genutzt werden.

Aus einer Zisterne wird über eine Schwengelpumpe ein Becken gefüllt, ein Wasserlauf gespeist oder Gießwasser abgefüllt.

Wenn aus unterschiedlichen Gründen keine Zisternen in den Boden eingegraben werden können, lässt sich Regenwasser in Becken auffangen, um es später für Wasserspiele verwenden zu können. Damit lässt sich kein Schönheitspreis gewinnen, aber viel Volumen: Bei relativ geringen Kosten bieten die handelsüblichen IBC-Container[18] einen Speicherraum von 1.000 Litern. Gegen eine mögliche Moosbildung und für ein ansehnlicheres Aussehen helfen Hauben oder sonstige Verkleidung.
Regenwasser lässt sich speichern, aber auch direkt nutzen:

Ein System aus Auffangbehältern und Regenrinnen ist in der Kita Villa Rosa direkt an der Wand angebracht und lädt zum Wasserspiel ein. Natürlich ist dies auch ein tolles Experimentierfeld zum Thema Wasserkraft …

18 IBC: industrial bulk container

Eventuell, je nach örtlicher Situation, kann auch ein Brunnen gebohrt werden, um als Wasserquelle zu dienen. Für die Nutzung zum Gießen der Pflanzen ist das auf Dauer preiswerter. Ein Fachbetrieb gibt am besten vor Ort Auskunft, ob eine Bohrung an dem jeweiligen Ort möglich und erfolgversprechend ist. Aber selbstverständlich muss bei allen natürlichen Wasserquellen mit regelmäßigen Wasserproben auf gesundheitliche und hygienische Bedingungen geachtet werden (s. Abb. unten).

Was in diesem Fall als natürliches Spielparadies (welches Kind staut nicht gerne einen Bach ...) genutzt wird, könnte einen Landkreis weiter auch verboten sein. In Bezug auf die Nutzung solcher Wasserquellen für pädagogisches Spiel müssen die örtlich zuständigen Gesundheitsämter einbezogen werden, die leider aber uneinheitlich und oft restriktiv entscheiden.

Ein natürlicher Bach durchfließt diese Kindertagesstätte und wird täglich als Wasserspielplatz genutzt.

5.2.8 Sonnenschutz

Wir freuen uns in der Regel, wenn die Sonne scheint. Der Garten lädt dann in besonderer Weise zur Nutzung ein. Gerade Matschanlagen, Sand- und Wasserspielbereiche erfordern aber einen ständig verfüg-

Diese schöne Sand- und Wasserspielanlage braucht dringend einen Sonnenschutz.

Metallrutschen können durch die Sonneneinstrahlung im Sommer sehr heiß werden. Diese Rutsche wäre unter dem Weidendach geheimnisvoller und auch bei Sonne zu nutzen.

baren Sonnenschutz, denn Wasserspiel erfolgt gerne auch mit wenig Kleidung (s. Abb. S. 120 oben).

Hier ist natürlich ein alter, höherer Baumbestand von Vorteil. Aber wo der nicht gegeben ist, gibt es eine Menge künstlicher Alternativen, von der pflanzenbewachsenen Pergola bis zu Sonnensegeln in allen Formen und Farben (s. Abb. S. 20 unten).

Sonnenschutz darf schon aus gesundheitlichen Gründen in keinem Fall vernachlässigt werden und wird insbesondere in den letzten wärmer werdenden Jahren entsprechend thematisiert.
An allen Aufenthalts- und Spielflächen ist Sonnenschutz geboten oder zumindest sehr zu empfehlen. Eine Terrasse und ein Sandkasten werden bei Sonne heiß und staubig.
Darüber kann eine mit Clematis oder Wein behangene Pergola den Garten attraktiver gestalten. Ein Weidentunnel als Überdachung führt beispielsweise zu einer harmonischeren Einbindung eines technischen Gerätes wie den Metall- oder Kunststoffrutschen in die Geländenatur (siehe S. 163 oben).

5.3 Gesonderter Krippenbereich im Außengelände?

In vielen Tageseinrichtungen für Kinder wird die Frage diskutiert, ob ein gesonderter Krippenbereich im Außengelände sinnvoll oder gar nötig sei, um Krippenkinder altersgemäß und ungefährdet zu fördern. Manchmal wird vermutet, dies sei aus Sicherheitsgründen verbindlich vorgegeben. Eine Sichtung von Handreichungen der gesetzlichen Unfallkassen zeigt, dass dies nicht so ist. Zwar werden Empfehlungen für die sichere Betreuung von Krippenkindern im Außengelände gegeben, aber die grundsätzliche Entscheidung liegt innerhalb der pädagogischen Kompetenzen von Leitung und Team. Worum geht es bei dieser Entscheidung?

Während die Befürworter*innen eines gesonderten Krippengeländes in erster Linie mit den geschützten Bedingungen, der erleichterten

Aufsichtsführung, der Ungestörtheit und Übersichtlichkeit eines altersgemäßen Gelände- und Geräteangebotes argumentieren, setzen die Vertreter*innen eines für alle Altersgruppen offenen Geländes auf das soziale Lernen, z. B. die Entwicklung von Rücksichtnahme und Verantwortung. Die größere Attraktivität des Gelände- und Geräteangebotes, das Beibehalten möglichst großzügiger Geländemaße und auch das Mehr an Rückzugsräumen sind weitere Argumente dieses Meinungsspektrums.

Natürlich gibt es in diesen Fragen auch unterschiedliche Kompromisslinien. So wirken leicht erhöhte untere Stufen an Klettergeräten oder Leitern wie ein „Altersfilter" (s. Abb. unten).

Etwa die Frage temporärer Lösungen, in denen ein bestimmter Bereich bestimmten Gruppen vorbehalten ist, oder Mischungen aus ge-

Diese Trennzäune werden je nach Bedarf und Aufsichtsverhältnissen genutzt, um den Krippenbereich zu begrenzen.

meinsamen und getrennten Nutzungs- oder Angebotsphasen, die besonders auf bestimmte Altersbedingungen eingeht.

Ausdrücklich empfohlen sei ein Teamtag zu diesem Thema, in dem alle erreichbaren Argumente einer Pro- und Contra-Diskussion zusammengetragen werden. Hier sollte auch die spezifische Situation der Kindertagesstätte sowie ihrer räumlichen Gegebenheiten Berücksichtigung finden (s. Abb. unten).

Für die Geländenutzung und -gestaltung ist wesentlich, dass ein längerfristiges, möglichst vom gesamten Team getragenes Konzept entsteht. Dies erlaubt eine entsprechende Zuteilung und Spezifizierung des Außengeländes.

Dieser Gartenbereich lag schon gesondert vor den Krippenräumen und wurde dann auch altersspezifisch gestaltet genutzt.

5.4 Bewegung im Außengelände

Der Mensch hat viele Möglichkeiten, sich zu bewegen. Ausgangspunkte sind, wie schon erwähnt, die Bewegungen, mit deren Hilfe eine Bewältigung der physikalischen Situation und Anforderungen der Erde ermöglicht werden: Beschleunigung, Rotation und Schwingung. Auf dieser Grundlage wird die Gesamtheit der Bewegungsmöglichkeiten eröffnet, die es in der Folge bei Kindern zu entwickeln und zu unterstützen gilt. Deshalb sollten in der Gestaltung des Außengeländes möglichst viele Bewegungsdimensionen im Blick gehalten werden: Laufen, Fahren, Klettern, Balancieren, Schaukeln, Rollen, Krabbeln, Kriechen, Werfen .... Das Außengelände sollte möglichst allen Bewegungsaspekten Raum geben, aber immer mit Blick auf die Umgebung und die Voraussetzungen der Kinder.

5.4.1 Freiraum für Bewegung

Das Außengelände ist in der Regel die größte verfügbare Fläche und schon deshalb bevorzugter Bewegungsraum. Wie bereits erwähnt, ist

es dabei wichtig, genügend unverbauten Freiraum zu erhalten, um etwa Bewegungsbaustellen oder freies Spiel zu unterstützen.

Mit der vorhandenen Fläche sollte man/frau gut umgehen. Wenn etwa eine Rutsche, Schaukel etc. im benachbarten Spielplatz erreichbar ist, braucht ein gleichartiges Spielgerät nicht auch im eigenen Außengelände zu stehen. Auch in der oben aufgeworfenen Frage einer Trennung von Krippen- und Kitagelände sollte immer bedacht werden, ob dadurch der Bewegungsraum insgesamt eingeschränkt wird.

5.4.2 Gelegenheiten zum Werfen

Freier Raum könnte zum Beispiel für ein Zielwurfspiel genutzt werden, denn kaum ein Kind hat noch Gelegenheit im häuslichen oder öffentlichen Raum zu werfen. Und ohne Gelegenheit zum Werfen wird die Wurfbewegung als Beispiel einer grobmotorischen Auge-Hand-

Zielwurfaufgabe integriert in eine Bewegungsbaustelle

Zielwurf auf die Klangscheibe

Koordination auch nicht gelernt[19]. In diesem Fall übernimmt die Kita einmal mehr die Kompensation von Einschränkungen, denen Kinder in der modernen Gesellschaft ausgesetzt sind.

Werfen ist insgesamt Teil vieler Kinder- und Bewegungsspiele, die für jeden freien Raum dankbar sind.

5.4.3 Laufen und Fahren

Bewegungsangebote in der Kindertagesstätte haben, wie im vorausgehenden Beispiel des Werfens, oft auch eine kompensatorische Funktion. So wurden Fahrwege im Außengelände erst in den 2000-er Jahren angelegt, nachdem eine Studie nachgewiesen hatte, dass rollend-kippende Bewegungen (z. B. der Kinderroller) für die sensomotorische Entwicklung von Kindergartenkindern eine enorme Bedeutung haben. Gleichzeitig stellte man Ende der 1990-er Jahre fest, dass es Kinderroller im privaten Bereich kaum noch gab. Entsprechend fehlten den Kindern zum späteren Fahrradfahren solche Vorerfahrungen. Und so wurde die Kindertagesstätte flächendeckend zum Ort vieler Fahrerfahrungen.

Lauf- und Fahraktivitäten führen am besten über Wege, die interessant und abwechslungsreich sein sollten, verschiedene Untergründe haben können, mit Kurven und (flachen) Hügeln immer neue Anforderungen bieten (s. Abb. S. 127).

Aber die Entwicklung fängt ja nicht beim Fahren an, sondern beim Aufrichten und Laufen lernen. Laufen und Fahren sind Fortbewegungen mit unterschiedlichen Geschwindigkeiten. Unterschiedlichkeiten

19 Als Beispiel sei erwähnt, dass die im standardisierten Testverfahren MOT 4 – 6 für Kindergartenkinder enthaltene Zielwurfaufgabe nicht mehr aussagekräftig ist, weil kaum ein Kind aus 4 m Entfernung die 40 cm große Zielscheibe trifft. Das war noch anders, als der Test vor 20 Jahren standardisiert wurde.

Interessante Wege

des Geländes und der Wege sind auch ganz wesentlich für die Weiterentwicklung des individuellen Geh- und Laufvermögens der Kita-Kinder. Der Vorteil des Außengeländes, mal abgesehen von der ebenen Terrasse, gegenüber den Innenräumen ist die natürliche Unebenheit, die mit jedem Schritt verbundene Neujustierung des Gleichgewichtes. Dieser Vorteil wird mit einer vielseitigen Geländestruktur weiter ausgebaut.

5.4.4 Klettern, Hangeln und Balancieren

Abwechslungsreiche Gelände bieten dann auch Raum für andere vielseitigere Anforderungen, Aktivitäten und Erfahrungen. Auch im Bereich des Kletterns, Hangelns und Balancierens ist es im Außengelände sinnvoll, multifunktionale Bewegungsanlässe anzubieten, die den Kindern genügend Raum für eigene Spiel- und Bewegungsideen lassen (s. Abb. S. 129).

Klettern ist ja nicht nur Selbstzweck. Beim Klettern erklimmen die Kinder Höhen, die eine ganz andere Perspektive bieten. Ein Baumhaus oder ein freistehender höherer Kletterturm bieten auch noch Aufenthalts- und Beobachtungsmöglichkeiten mit größerer Reichweite, als dies am Boden der Fall ist. Diese können noch erweitert werden, wenn etwa Türspione, ein Fernglas, Rückfahrfolien aus dem PKW und anderes in das Kletterhaus eingebaut werden. Solche vielseitigen und interessanten Ausblicke nutzen Kinder gerne. Sie bieten einen Ansporn, hoch zu klettern. Vielleicht kann ja noch eine vor und oberhalb der Baumhausdecke eingebaute Transportrolle befestigt werden, über die ein langes Seil läuft. Der Transportkorb am Ende dieses Seiles ermöglicht es, zwischendurch mal ein Getränk etc. nach oben zu ziehen ...

Ein Kletternetz oder eine Leiter fordern dazu heraus, von einem Kletterturm zum anderen zu kommen. Wenn sie in unterschiedlicher Höhe aufgehängt sind, oder ein Netz auch Schrägen hat, wird das

Raum für Bewegungkreativität: Flach am Boden ...

... oder hoch hinaus

Hangeln zu einem ergänzenden Kletterbereich, denn hier werden vor allem Arm- und Schultermuskeln beansprucht.

Die Balance zu halten, ist dabei offensichtlich auch eine ständige Aufgabe. Zum Balancieren selbst gehen wir in der Kita natürlich „eine Etage" tiefer. Schon ein auf dem Boden ausgelegtes Tau oder ein vielleicht etwas wackeliges Brett sind für die kleineren Kinder eine gute Möglichkeit, ihr Gleichgewicht auszuprobieren. Mit Reifen, Schläuchen, Brettern und/oder Seilen entsteht auf der Wiese eine Bewegungsbaustelle, die schon schwieriger zu bewältigen ist.
Werden in der Nachbarschaft Bäume gefällt, kann man/frau vielleicht Baumscheiben ergattern, die als Balancierinseln einladen, immer größere Schritte von einer Scheibe zur anderen zu wagen. Geachtet werden sollte dabei darauf, dass die Stammdurchmesser nicht zu klein sind, damit die Scheiben beim Überlaufen nicht kippen.

Balancieren auf Baumscheiben ...

… oder einem liegenden Baumstamm

Balancieren im Niedrigseilgarten

Bewährt haben sich im Kita-Garten auch „Niedrigseilgärten“, in denen die Kinder auf unterschiedlich gespannten Seilen die Abstände zwischen den Pfosten überwinden. Diese Pfosten müssen stabil in den Boden eingelassen sein und können mit Bäumen, die entsprechend belastbar sind, kombiniert werden. Deshalb sollten sie so (eher am Rand der Fläche) positioniert werden, dass sie anderes Spiel auf der Wiese nicht stören.

5.4.5 Rutschen und Rollen

Rutschen ist auf glatten Böden, im Matsch oder auf dem Eis, auch in der Ebene eine attraktive Gelegenheit, etwas schneller zu werden. Denn darum geht es im Grunde: Der Schwerkraft wird weniger Widerstand geboten – Rutschen erhöht die Geschwindigkeit.

Hilfreich ist da ein ordentlicher Höhenunterschied, eine schräge Wiese, ein Hügel oder auch ein künstliches Podest. Und dann hilft die meist glatte Rutsche, die Reibung zu minimieren und Geschwindigkeit aufzubauen. Je höher, desto schneller, wobei im Auslaufbereich Rutschen so geformt werden, dass sich die Geschwindigkeit auf ein für die Kinder ungefährliches Maß reduziert.

Eine abschüssige Wiese oder die schräge Ebene eines Hügels werden auch zum Rollen benutzt. Dies sind Drehungen um verschiedene Körperachsen, beim „Baumstammrollen“ etwa die Körperlängsachse. Je schneller die Kinder rollen, desto stärker wird ihnen, wie sie oft sagen, „so schön schwindelig“ (s. Abb. S. 133).

Rutschen werden aus unterschiedlichen Materialien hergestellt: meist aus Kunststoff, Glasfaser oder Metall, selten aus Holz. Gerade bei Metallrutschen – das wurde bereits beim Thema Sonnenschutz erwähnt, sollte auf die Positionierung geachtet werden. Liegen sie im Sommer ungeschützt im Sonnenlicht, können sie sehr heiß werden. Wenn die Rutschen etwas abgedeckt im Gebüsch oder unter einem Sonnensegel liegen, ist diese Gefahr gebannt (siehe auch S. 120).

Selten, aber toll: eine Rutsche aus Eichenholz

Gebogene Rutschen bis hin zur Wendelrutsche vermitteln zusätzlich zur für das Rutschen entscheidenden Schwerkraft noch Fliehkraftmomente.

Seilbahnen findet man seltener im Kitagelände, eher auf Spielplätzen. Auch hier erzeugt der Höhenunterschied die Geschwindigkeit, diesmal über einen Seilschlitten, an dem eine Halte- oder Sitzmöglichkeit befestigt ist. Wenn das Seil etwas durchhängt, entsteht am Seilende ein bergauf, wodurch sich die Geschwindigkeit dann wieder reduziert.

5.4.6 Kriechen und Krabbeln

Kriechen und Krabbeln ist nicht nur eine Bewegungsform von Krippenkindern. Auch ältere Kinder nutzen diese Bewegungsmöglichkeit, wenn es eng wird, wenn sie beispielsweise unter dem Gebüsch durchwollen.

In vielen Kindertagesstätten gibt es Röhren, die meist in einen Erdhügel eingelassen sind. Je nach Durchmesser der Röhren könnten dies auch Aufenthaltsräume sein. Meist haben sie aber einen kleineren Durchmesser, der die Kinder zum Kriechen zwingt. Das machen sie gerne, denn am Ende des Tunnels winkt Licht (s. Abb. unten).

In dieser attraktiven Hügellandschaft werden zwei Probleme von „Röhrenlandschaften" gut gelöst: Zum einen die bereits angespro-

chene Schwierigkeit, die zum Hügel aufgeschüttete Erde auch oben zu halten. Gelingt das nicht, liegen zum anderen bald die Röhrenenden frei – das sieht nicht schön aus und ist auch nicht ungefährlich, wenn sich Kinder beispielweise den Kopf daran stoßen.

Solche Stoßverletzungen zu minimieren und die Erde oben zu halten, sind Gründe für die abgebildeten Lösung: Der Röhreneingang wird mit Baumästen umgeben und damit „entschärft". Gleichzeitig bietet dieser Röhrenausgang die Stützen für ein Geländer, das verhindert, dass einem aus der Röhre kriechendes Kind ein anderes im Moment einer Unachtsamkeit von oben in den Rücken springt. Und drittens wird die Erde oberhalb des Röhrenausganges abgefangen.

5.4.7 Schaukeln

Schaukeln sind geeignete und beliebte Geräte, Schwingung zu erfahren. Für den Kitagarten gibt es sie in vielfacher Form, von der Sitz-

Schaukeln werden auch gerne verändert bespielt ...

schaukel bis zur Vogelnestschaukel. Auch hier hat die Vielfalt ihre Berechtigung. Je vielfältiger Schwingung erfahren wird, desto größer das Lernfeld.

Jede Schaukel hat ihre eigene Charakteristik, aber ein Problem haben alle Schaukeln gemeinsam: Die hin und her schwingenden Schaukeln schaffen eine Amplitude, in die besser niemand von außen hineinläuft. Um dieses Verletzungsmoment für umherlaufende Kinder zu minimieren, sollten die Schaukeln im Gelände so positioniert werden, dass es möglichst wenig Anlass und/oder Möglichkeit gibt, den Schaukelbereich zu durchqueren. Auch Bepflanzungen um die Schaukel herum können dazu beitragen, das Unterlaufen zu minimieren.

Bei der Vogelnestschaukel gibt es ein weiteres Problem: Aufgrund des hohen Gewichtes der Schaukel selbst, und der Tatsache, dass

Vogelnestschaukel sind eine attraktive Alternative

dieses Gewicht noch deutlich steigt, wenn sie von mehreren Kindern bespielt wird, muss darauf geachtet werden, dass kein Kind zwischen Schaukel und Boden eingeklemmt werden kann, wenn es in diesem Bereich zu Fall kommt. Deshalb geben die gesetzlichen Unfallversicherungen der Länder Mindestbodenabstände für den Krippen- und Kitabereich an, die eingehalten werden müssen. Da der Boden aus lockerem, verschiebbarem Fallschutzmaterial besteht, muss dieser Abstand auch immer wieder kontrolliert werden (s. Abb. S. 136).

Es gibt eine Reihe weiterer Schaukelmöglichkeiten, die im Außengelände angeboten werden können. Seile mit unterschiedlichen Haltestangen, Sitzflächen usw. können bei stabilem und gesundem Baumbestand von den Ästen hängen und zum Schwingen benutzt werden.

Ein Schaukelseil am (stabilen) Baumast wird auch gerne genutzt.

5.4.8 Kombinierte Bewegung im Spiel

All diese Bewegungsmöglichkeiten fließen im Spiel zusammen. Vor allem auf den Freiflächen, aber auch unter der Nutzung z. B. von Bäumen oder Klettergerüsten, können Bewegungsbaustellen aufgebaut werden, in denen die oben beschriebenen Bewegungsdimensionen miteinander verbunden werden (s. Abb. unten).

Da hierfür allerdings doch einige Mühe und Arbeit aufgewendet werden muss, ist es ratsam, solche größeren Spielanlagen und Bewegungsbaustellen für mehrere Tage oder, wenn das in der Einrichtung möglich ist, auch für ein oder zwei Wochen zu nutzen (s. Abb. S. 139).

Für das Spielfest wurde eine besonders lange und hohe Murmelbahn aus Entwässerungsröhren in den Bäumen befestigt.

Eine Bewegungslandschaft aus Leitern und Seilen

5.5 Bildung im Garten

Das Außengelände bietet unzählige Anlässe für Erfahrungen und Beobachtungen, Experimente und Systematisierung, also wichtigen Grundlagen für naturwissenschaftliche Bildung.

5.5.1 Gärtnerei

Betrachten wir einmal den Bereich Ernährung, dann sind wir mitten im Gartenbau. Die Möglichkeiten reichen von der Kräuterspirale bis zur Felderwirtschaft, je nach Platz und Neigung. Sie bergen vielfältige Erfahrungen von der Bodenbeschaffenheit und -bearbeitung, über das Säen und Pflanzen, das Gießen und Pflegen, das Beobachten und Begreifen, das Ernten und Essen, die Kompostierung und Bodenbearbeitung ... kurz: Erfahrungen von Nachhaltigkeit und Kreisläufen. Für die Praxis in den meisten Kindertageseinrichtungen empfehlen sich Hochbeete, die auf relativ kleinem Raum gut zu pflegen und zu bewirtschaften sind (s. Abb. S. 141 unten).

Das ist vorteilhaft für den Ertrag und hat in der Kita noch einen großen Vorteil: Hochbeete werden nicht übersehen und überlaufen. Der Bau von Hochbeeten ist recht einfach und eignet sich für ein Bauprojekt, beim dem gegebenenfalls Eltern und Kinder beteiligt werden können. In der Regel wird aus Holz ein Kasten gebaut, der an der Innenseite mit Kunststofffolie bekleidet ist, um die Bodenfeuchtigkeit abzuhalten. Besonders einfach ist die Verwendung von sogenannten „Palettenbrettern“, die die Maße einer „Euro-Palette“ (80 × 120 cm) haben. Diese als Transportbehälter in der Industrie genutzten Brettrahmen haben solide Eckverbindungen aus Metall, die auch längere Zeit halten. Bei den im Gartenbau gängigen Höhen von ca. 80 cm wird ein geschichteter Boden aus unterschiedlich verrottbarem Material (Maschendraht (gegen Mäuse), Grassoden, grobe Äste, feineres Astmaterial, Kompost, Deckboden) eingebracht. Da die Höhe in der Kita aber der Kindergröße entsprechen (20 – 30 cm) sollte, reichen (Draht), Kompostmaterial und Gartenerde als Füllung aus. Für die Kita

Hier wird gegärtnert! Gemüsebeetanlage in einer Kita: Die kleinen Beete sind für Kinder gut überschaubar und durch die Randplatten begehbar, ohne Schaden anzurichten.

Ein Hochbeet kann auch mit einfachen Mitteln guten Ertrag bringen.

ist hinsichtlich der Bepflanzung wichtig, dass sich kurzfristigere und essbare Erfolgserlebnisse (Radieschen, Erdbeeren, Salat, Gurken ...) einstellen und etwas „für das Auge“ (Kapuzinerkresse, Paprika, Kürbis ...) geboten wird. Natürlich wird dies weitgehend mit den Kindern besprochen.

Hochbeet mit Sichtfenster

Eine weiterführende Idee ist der Einbau eines (Plexi-)Glasfensters in die Seitenwand, das dann mit einer verschiebbaren Platte verdeckt wird, um die Erde in der Regel vor Sonnenlicht zu schützen. Wird diese Platte dann entfernt, lässt sich das Bodenleben beobachten: Regenwürmer haben ihre Gänge gegraben, Mulchwerk in den Boden gezogen und so dabei geholfen, den Nähstoffumsatz zu verbessern.

Eine Reihe von Pflanzen wie, hier exemplarisch herausgegriffen, der Borretsch, ein als Salatzutat verwendetes Heilkraut mit leuchtend blauen Blüten, eignen sich durch ihre Vielseitigkeit für die gärtnerische Verwendung. Sie sind nicht nur gesund und eine auffällige Verschönerung des Salat-Dressings, sondern auch ein wahrer „Insektenmagnet“.

Borretsch als Insektenmagnet

Ähnlich gute Beobachtungsgelegenheiten eröffnen wilde Möhren und andere Doldenblütler, denn sie locken insbesondere Schwebefliegen an, die aufgrund ihres oft längeren Verweilens in der Luft von Kindern sehr gut beobachtet werden können.
Andere Pflanzen tragen ein Beobachtungsversprechen schon im Namen, wie der Schmetterlingsflieder oder die Bienenweide, Phacelia.

5.5.2 Naturwissenschaftliches Forschen

An den genannten Beispielen aus dem Garten wird schon deutlich, welche naturwissenschaftlichen Bildungspotenziale vor allem ein naturnahes Außengelände hat. Zu den nützlichen Gartengeräten zählen nicht nur Eimer, Harken und Schaufeln, sondern auch Lupen, Beobachtungsgläser und Bestimmungsbücher für Pflanzen und Tiere.

In Eigenarbeit gefertigt: ein Wildbienenhotel

Beobachtungsgelegenheiten zu schaffen, bedarf auch nicht unbedingt eines großen Aufwands (etwa das Beobachtungshochbeet, s. o.). Legen Sie am Abend ein Brett, eine Folie etc. an verschiedenen Stellen im Garten aus. Morgens werden Bretter etc. umgedreht – und man findet Schnecken, Würmer, Käfer, Spinnen und andere Insekten, die dann unter der Lupe beobachtet und beschrieben werden können. Warum finden wir an unterschiedlichen Stellen im Garten unterschiedliche Tiere?

Ein Futterplatz für Vögel, Blühpflanzen für Insekten, Schmetterlinge oder Bienen – es gibt reichlich Beobachtungsmöglichkeiten. Und wenn wir so auf ein bestimmtes Tier oder eine Pflanze aufmerksam werden, lässt sich besser darüber reden, wie, wo und wovon diese leben (s. Abb. unten).

Kürzlich ließen sich mehrere Erzieherinnen einer Kindertagesstätte zu Imkerinnen ausbilden, um fortan mit den Kindern zwei Bienen-

*Fachleute, wie in diesem Fall der/die Imker*in, sind oft gerne bereit, ihre Erfahrung und ihr Wissen an die Kinder weiterzugeben.*

stöcke zu pflegen, die im Außengelände mit einer Sicherung gegen unbeabsichtigte Annäherung aufgestellt wurden. Hier wurde ein umfangreiches Lernfeld eröffnet.

Wetterstationen, die im Außengelände installiert sind, informieren täglich über unsere Wettersituation: Windrichtung und -geschwindigkeit, Temperatur oder Niederschlagsmengen. Und das kann Auswirkungen haben: Lassen wir Drachen steigen? Wann friert der Teich zu? Wie viel Regen gab es gestern wirklich?

5.5.3 Gespräch und Theater im (Stein-)Forum

Für Besprechungen aller Art und für viele gemeinschaftliche Themen eignen sich Foren, die rund oder halbrund aus unterschiedlichem Material gebaut und etwas geschützt (z. B. durch Hecken, einen Erdwall etc.) in das Gelände eingebettet sind.

Geburtstagsfeiern, Theater oder Kinderparlament, ein solches Forum kann vielen Bildungszwecken dienen.

Je nach Form werden unterschiedliche Aufgaben betont: Das runde, geschlossenere Forum schafft eine Geprächsvoraussetzung. Die Nutzer*innen sind sich zugewandt. Gerne sitzt man auch rund ums Feuer. Demgegenüber ist ein Halb- oder gar Viertelkreis eher für Vorträge und Vorführungen wie Theater und Musik geeignet.

Einen Beitrag zur Nutzungsqualität liefert dabei auch das ausgewählte Material: Foren aus optisch schöneren Bruchsteinen, aber auch Betonplatten und anderem Steinmaterial sind sehr langlebig, wärmen sich in der Sonne stärker auf, bleiben nach einem Regen aber auch länger feucht. Eine Auflage mit Sitzbrettern trocknet schneller ab ...

5.5.4 Tierhaltung – tiergestützte Pädagogik

Im Außengelände ergeben sich Möglichkeiten tiergestützter Pädagogik, wie etwa dieser Hühnerauslauf in Berlin-Mitte, wo es keine he-

Hühnerauslauf auf einem Kita-Gelände, mitten in Berlin

rumlaufenden Hühner in Nachbars Garten gibt und das Wissen über Hühner sich eher auf „Chicken-wings“ beschränkt.

Dabei gibt es viel Wissenswertes über Hühner herauszufinden. Wie und wann legt ein Huhn ein Ei und wozu kann man das brauchen? Hühner müssen gefüttert und gepflegt werden, wenn sie Eier legen oder auch nur überleben sollen. Hühner müssen geimpft werden – ein Huhn kann auch krank werden. Wer macht den Hühnerstall sauber? Wer sorgt regelmäßig für Futter und Wasser?

Dafür Verantwortung zu übernehmen, die Zusammenhänge und Kreisläufe kennenzulernen, wäre schon Grund genug, solchen Erfahrungsraum anzubieten. Es geht dabei nicht in erster Linie um Hühner, sondern um die Erfahrungen, die der Kontakt zu Tieren und die Verantwortung für Lebewesen (Hunde, Mäuse, Katzen, Ziegen, Esel ...) birgt.

Ein Diskussionsfeld ist dann immer auch die Tatsache, dass einige Kinder auf Federn, Haare oder Staub allergisch reagieren. Auch dies muss kein Nachteil sein. Die Diskussion darf und kann nicht das Ergebnis haben, dass nun alle allergieauslösenden Momente aus der Kita entfernt werden. Aus psychomotorischer Sicht liegt ein pädagogischer Wert darin, dass die Kinder, betroffene wie nicht betroffene, merken, was ihnen gut tut und was nicht. Sie sollten lernen, wie sie damit umgehen können und wann sie sich entziehen müssen.

5.5.5 Künstlerische Bildung im Garten

Auch für Bildungsbereiche, die in der Regel in Innenräumen positioniert sind, bestehen im Außengelände oft gute oder bessere Bedingungen. Das Atelier ist zumindest bei gutem Wetter draußen sehr gut aufgehoben, wenn es um Farben und damit verbundene Tätigkeiten geht. Die Helligkeit unterstützt eine gute Differenzierung der Farbtöne, herabtropfende Farbe ist im Garten kaum ein Problem und das Trocknen der Aquarelle funktioniert an der Wäscheleine ausgezeichnet. Es scheint durchaus sinnvoll, für solche Zwecke geeignete Flächen im Außenbereich anzulegen.

Die Künstler*innen der Land-Art-Bewegung liefern fantasievolle Vorlagen für die Kunst, in und mit der Natur zu spielen und immer neue Kombinationen zu suchen, die die Aufmerksamkeit und Wahrnehmungsfähigkeit von Künstlerinnen wie Betrachtern finden und ausweiten. Material ist draußen in Hülle und Fülle vorhanden (s. Abb. unten).

Auch für Baustellen der unterschiedlichsten Art – von der Bewegungsbaustelle war schon die Rede – eignet sich das Außengelände.

Landart (© Peter Bentele, aus: Wald und Mensch im Dialog)

Ein Wächter am Gartenzaun

Ob mit großen Bauelementen (z. B. Paletten, Brettern etc.) hantiert und probiert wird oder für den Innenbereich oft zu laute Nagelversuche unternommen werden, stellt draußen kaum ein Problem dar.

Bauen, Konstruieren, Werken oder Kunst gehen nahtlos ineinander über.

5.5.6 Bildung von Anfang an: Elementare Erfahrungen im Außengelände

Die wesentlichen Lebens- und Erfahrungshintergründe in natürlicher Umgebung, wie sie ein naturnahes Außengelände wenigstens annähernd darstellt, sind die Elemente, aus denen sich die Natur ableitet: Luft, Erde, Wasser und Feuer. Den Kontakt zu ihnen herzustellen, zu vertiefen und für das Leben zu adaptieren, stellt eine grundlegende Aufgabe der frühkindlichen Pädagogik dar. Hier einige Beispiele, wie Zugänge zu diesen Elementen in der Kita geschaffen werden können, wenn das Gelände dafür vorbereitet wurde. Möglichkeiten, wie die jeweiligen elementaren Erfahrungen gezielt in der Geländegestaltung berücksichtigt und vorbereitet werden können, schließen sich an.

Spielerische Erfahrung mit und im Sand

5.5.6.1 *Das Element Luft*

Handlungsfelder zum Element Luft

- Frische Luft einatmen, Luft auf der Haut spüren.
- Was fliegt?
- Wie fliegen unterschiedliche Dinge: Federn, Papier, (Papier-)Flugzeuge, Fall- und Gleitschirme
- Spiel mit Seifenblasen
- Spiel mit Luftballons
- Bau von Windspielen: Windräder, Windsack, Drachen
- Bau unterschiedlicher Mobilés
- Luft bewegt sich, Wind, Bau eines Wetterhahnes
- Luftbetriebene Musikgeräte: Blasinstrumente (z. B. Flöte), Balginstrumente (z. B. Akkordeon)
- Luftraketen, Luftpumpen
- Luft transportiert Töne, Schallübertragung, Schlauchverbindung als Telefon,
- Luft transportiert Düfte, Gerüche, z. B. Waldluft, Landluft ...
- Luft als Lebensraum entdecken: Beobachtung von fliegenden Tieren, Schmetterlingen und anderen Insekten, Vögeln, z. B. auch Zugvögel,
- Luft durch Pflanzen, Bäume und Hecken verbessern

Jedes dieser Handlungsfelder lässt sich im Außengelände vorbereiten und durchführen.

Erfahrungsstationen zum Element Luft könnten einer naturwissenschaftlichen Wetterstation gleichen, wie sie schon oben beschrieben wurde, und die als Langzeitprojekt zu einer täglichen Wetterbeobachtung einlädt.

Fast aus der Mode gekommen ist das „Drachen steigen lassen". Wenn im Spätsommer mit dem Bau eines Papierdrachens begonnen wird, steht er im windreichen Herbst für Probeflüge, Bruchlandungen, Reparatur und Weiterentwicklung zur Verfügung. Wenn der Garten zu klein ist oder zu wenig Freifläche für die Drachen hat, ist dies ein schöner Grund für einen Ausflug in den Stadtpark oder „aufs Feld“.

Um eine Luftrakete zu bauen, brauchen wir einen Blasebalg, dessen Schlauch senkrecht verlängert an einem Stativ befestigt ist. Über das Ende des Schlauches stülpen wir eine leichte, eng über den Durchmesser des Schlauches passende Hülse, vielleicht einen Fahrradgriff (schöner ist eine fantasievoll aus Papier gebaute Raketenhülse). Je fester wir auf den Blasebalg springen, desto höher fliegt die Rakete ...

Bunt und schillernd: Riesenseifenblasen beim Spielfest

5.5.6.2 *Das Element Erde*

Handlungsfelder zum Element Erde

- Erdhügel, Matschkuhlen
- Mit Erde arbeiten, Erde schaufeln, tragen ...
- Sandkasten
- Sand-Wasser-Matschanlagen
- Matschküche
- Verschiedene Erden als Fußerfahrungsraum verwenden
- Erde als Lebensraum entdecken: Würmer, Käfer, Larven, Pflanzen und Wachstum
- Garten/Feld bewirtschaften, Fruchtbarkeit der Erde
- Verrottungsprozesse beobachten
- Erdschichten, Erde erforschen
- Temperatur- und Feuchtigkeitseinfluss auf Erde
- Mit Erde Farben herstellen
- Erde sieben, Schatzsuche im Sandkasten
- Tonarbeiten, Kneten mit Ton
- Lehm als Baustoff
- Baumgesichter mit Lehm formen

Entsprechende Erfahrungsstationen zum Element Erde sind ja in fast jedem Außengelände zu finden, vor allem der Sandkasten. In Verbindung mit einer Wasserquelle wird er noch interessanter. Matschkuhlen und Buddelhügel sind dann schon seltener, aber sie lohnen sich und bieten eine andere Matschqualität: Für „richtige" Erde brauchen die Kinder mehr Kraft, sie lässt sich schwerer formen und bearbeiten. Erde klebt mehr – auch an der Kleidung.

Dies ist natürlich wieder ein Punkt, an dem nicht alle Eltern mit dem Kitaangebot zufrieden sind. Muss denn das sein? Ja. Und in vielen Einrichtungen gibt es ja für diesen Fall geeignete Kleidung.

Ton ist eine Form von Erde, die noch stärker klebt, und frisch, sonst mit etwas Wasser, leicht formbar ist. Damit ist Ton ein guter Baustoff und auch für gestaltende Kunst sehr geeignet.

Bei der Gestaltung von „Baumgeistern“ brauchen wir einen etwas dickeren Baum auf dem Gelände – sonst ist es wieder ein guter Grund für einen Ausflug, einen geeigneten Baum zu finden.

Unschwer zu sehen, was die Kids gemacht haben ...

Ob der Baumgeist freundlich ist?

5.5.6.3 Das Element Wasser

Handlungsfelder zum Element Wasser

- Regen erleben, im Regen herumlaufen
- In Pfützen springen
- Auf Wasser rutschen
- Fußabdrücke mit nassen Füßen hinterlassen
- Wasser zur Reinigung verwenden
- Wasserkühlung
- Wasser zu Wasserspielen verwenden (Sommer)
- Hantieren mit Wasser: Gießen, Schütteln, Rühren
- Wasser leiten, Wasser sperren ...
- Wasser transportieren
- Wasser als Transportmittel: Flöße bauen etc.
- Schnee, Eisblumen, Eisbilder (Winter)
- Malen mit Wasser
- Farben im Wasser auflösen
- Wie entsteht ein Regenbogen?
- Was schwimmt, was sinkt? Experimente mit und im Wasser.
- Wasser als Lebensraum: Vogeltränken bereitstellen, Fische, Molche etc. beobachten
- Pflanzen gießen
- Zuckerwasser herstellen, z. B. als Köder für Insektenbeobachtung zu verwenden
- Wasser als Antriebskraft, Wasserräder bauen
- Wasserdampf

Eine wichtige Erfahrungsstation zum Element Wasser sollte in keinem Außengelände fehlen: Ein Wasserlauf, der am besten in Ergänzung mit Sand und Erde als Matschanlage genutzt werden kann.

Es gibt eine Reihe schöner und funktionaler Gestaltungs- und Kombinationsmöglichkeiten. Je nach Gelände und Wasseranschlusssituationen lässt sich für jede Einrichtung eine Möglichkeit finden, ein Experimentierfeld Wasser anzubieten (siehe oben).

Die Frage, aus welcher Quelle der Wasserzulauf erfolgt, wurde bereits oben (Kap. 5.2.7, S. 116 ff.) erörtert.

Eine beispielhaft einfache und effektive Wasser-Sand-Matschanlage in einer Kindertagestätte: Aus einer Regenwasser-Zisterne wird das Wasser durch eine Schwengelpumpe auf die halbierten und ausgehöhlten Baumstämme gebracht ...

Auch weil nasse Kleidung nicht so angenehm ist, Kältereize durch das Wasser aber attraktiv sind, spielen Kinder zumindest bei warmem Wetter gerne mit nackter Haut am Wasser. Deshalb sollte bei Wasserspielplätzen immer ein Sonnenschutz eingeplant werden (siehe auch S. 119 ff.).

5.5.6.4 *Das Element Feuer*

Handlungsfelder zum Element Feuer

- Nutzen und Gefahr
- Feuerstelle im Garten einrichten
- Stockbrot backen
- Mit Hitze backen und kochen: z. B. Lehmbackofen, Grill
- Feuer machen, Feuersteine, Reibung, Brennglas
- Mit Feuer experimentieren: Was brennt leicht, was brennt schwer?
- Was bleibt übrig; Rauch, Asche
- Umgang mit Feuer
- Brandgefahr kennenlernen, z. B. Verbrennung der Haut
- Sicherheitsmaßnahmen, Brandschutz
- Wärmeerzeugung
- Was liebt Wärme?
- Traditionen:
  - Osterfeuer; Feste, Geschichten am Feuer erzählen ...
  - Aschermittwoch
  - Kerzen, Licht ... St. Martin, Laternen, Licht teilen
  - Martinsfeuer
- Geschichten erzählen
- Brennglas, Lichtenergie, Solaröfen

Gegenüber dem „Spiel mit dem Feuer“ gibt es die wohl größten Bedenken innerhalb und außerhalb der Kindertagesstätte. Das hat mit dem realen Gefahrenmoment Feuer genauso zu tun wie mit der manchmal schon belästigenden Rauchentwicklung, die zum Beispiel bei manchen Nachbar*innen gar nicht gut ankommt.

Gleichzeitig sind es ja auch solche Momente, die wesentliche Lernerfahrungen bergen. Ob und wie eine Feuerstelle im Garten der Kita angelegt werden kann, muss vor Ort nach den jeweiligen Bedingungen entschieden werden. Es gibt ja eine Reihe von Möglichkeiten, die das Feuer auch ganz unterschiedlich radikal thematisieren (s. Abb. S. 158).

Die offene Feuerstelle im Gelände, an dem Lagerfeuer veranstaltet und Geschichten erzählt werden, über dem ein gusseiserner Suppentopf köchelt und Stockbrot gebacken wird, bedarf sicher einen etwas abgelegenen Platz sowie nachbarliche Absprache, wenn die Nachbarhäuser relativ nah stehen. Vorteilhaft ist es, den direkten Feuerkreis etwas im Boden zu vertiefen und mit einem Kreis von dicken Steinen gegen das Erdreich zu sichern. Wo eine solche Feuerstelle möglich ist, entsteht der intensivste Zugang zum Feuer.

Offene Feuerstelle in der Kita

Die eiserne Feuerschale ist eine etwas domestiziertere Form der Feuerstelle. In enger bebauten Gegenden wird damit aber gelegentlich und zumindest für Brauchtumsfeste offenes Feuer ermöglicht.

Der Lehmbackofen ist eine Form, nicht nur Feuer zu machen, sondern auch die entstehende Wärmeenergie zu nutzen. Der Lehmbackofen selbst muss mit einem Dach vor Regen geschützt werden. Wenn das größer ausfällt, entsteht gleich ein Arbeitsraum und Treffpunkt. Mit einiger Erfahrung im Umgang mit einem Backofen lässt sich die Speisekarte der Kita angenehm erweitern. Wenn dann die Kinder in die Prozesse beispielsweise des Brotbackens einbezogen werden können, entsteht über das Feuer machen hinaus ein umfangreiches Lernfeld.

Die Breite der hier nur beispielhaft aufgeführten Erfahrungsbereiche macht deutlich, welch wesentlicher Stellenwert der Gestaltung entsprechender Voraussetzungen im Außengelände zukommt. Freiräume, Hochbeete, Matschkuhlen, Wasserlauf oder Feuerstelle sind nicht beliebige Accessoires, sondern notwendige Angebotsbereiche im Außengelände.

Der überdachte Lehmbackofen kann lange genutzt werden.

5.6 Wohlgefühl im Außenbereich

Der Umgang mit Feuer hat seit jeher eine gesellschaftliche Komponente des Wohlgefühls. Die Arbeit ist am schönsten, wenn sie Spaß macht. Das Lebensgefühl bestimmt unsere Motivation. So nutzen wir ein Außengelände eher und intensiver, wenn wir uns dort wohlfühlen. Das Lernen findet in einem Gelände, das als angenehm und gesichert empfunden wird, eher Nahrung als in unwirtlichen Gegenden. Und so ist Schaukel nicht gleich Schaukel, auch wenn beide gleich funktionieren.
Im Gegenteil ist die Gestaltung des Kitagartens entscheidend für ihren pädagogischen Wert.

Hier sei an das oben angesprochene Beispiel einer Wandbegrünung erinnert, die hier keine Lösung, aber Erleichterung schaffen könnte: Sie könnte dem Auge guttun, die Atemwege befeuchten und das Gemüt beruhigen. Nicht zuletzt ist die Anlage von begrünten Fassaden aus gesundheitlichen Gründen so im Aufwind, dass ein Preiswettbe-

Was tun in einem solchen Außengelände? Weder Bewegung, noch Bildung und Wohlgefühl finden hier förderliche Bedingungen. Der Aufenthalt hier ist für alle eher anstrengend.

Einfach, aber schön: Glockenblumen wachsen und blühen an einem Rankgitter, das vor der Hausfassade angebracht ist.

werb „Fassadenbegrünung des Jahres“ ins Leben gerufen wurde. Dabei geht es nicht nur um aufwändige Projekte der Fassadengestaltung, sondern auch um einfachere Maßnahmen, das Umfeld lebensfreundlich und erfrischend zu gestalten.

Ein naturnah gestaltetes Außengelände bietet Räume zur Selbstzuwendung. „Er/Sie kommt wieder zu sich“ heißt es im Sprachgebrauch, wenn jemand das Bewusstsein wiedererlangt. Der „Wandelgang“ erhält durch die Bewegung in angenehmer Natur seine stressabbauende und entspannende Wirkung.

5.6.1 Naturnahe Gestaltung

Am Beispiel einer sonnenbeschienenen Metallrutsche wird klar, dass eine solche „Natur-Ummantelung“ nicht nur optische Vorteile hat. Durch die Beschattung der Metallfläche wird verhindert, dass sie bei starker Sonneneinstrahlung so heiß wird, dass sie kaum noch zu nutzen ist.

Eine sehr ansprechend gestaltete Argumentationshilfe für eine naturnahe Gestaltung von Kitagärten bietet eine Broschüre des sächsischen Kultusministeriums (2018, siehe Literaturliste), die dort erhältlich ist.
Naturnah heißt nicht, das Gelände sich selbst zu überlassen. Wohlgefühl entsteht auch durch die sinnesfreundliche Gestaltung von Geländebereichen.

Dieses Balancespielgerät wurde mit einer Weidenkonstruktion überdacht und eingefasst. Damit hat dieses handelsübliche Gerät eine ganz individuelle und sinnliche Note bekommen.

Eine naturnahe Gestaltung des Geländes belebt den Aufenthalt in allen Nutzungs- und Bildungsbereichen. Das Gelände wird als Lebensort erkennbar. Bewegung ist hier immanent.

5.6.2 Wege und Inseln

Gelände- und Angebotsbereiche fließen oft unmerklich ineinander über. Das mag ja manchmal auch wünschenswert sein, aber oft wird das Angebot klarer, intensiver und übersichtlicher, wenn bestimmte Orte im Gelände ähnlich den Funktionsräumen im Innenbereich spezifisch vorbereitet und gestaltet sind.

Diese besonderen Orte sollten durch Wege verbunden werden, die ihrerseits vielfältig und ansprechend sind und damit einen eigenen wertvollen Beitrag leisten: Fahrwege, Fußparcours, Wandelgänge sollten auch nicht in erster Linie geradlinig sein und unmittelbar zum Ziel führen, sondern auch zum Verweilen (z. B. durch eine Ausbauchung mit integrierten Sitzmöglichkeiten) einladen, zum Betrachten (durch ein begrenzendes Blumenbeet, durch Sinnesstationen u. a.) auffordern und durch ihre Beschaffenheit (z. B. verschiedene Beläge, wellenförmigen Verlauf etc.) Anforderungen stellen, die die Sinne wachhalten.

5.6.3 Futter für die Sinne

Was der Mensch zum sinnlichen Erleben braucht, ist Abwechslung und Vielfalt. Ein großer, wie ein Golfplatz gepflegter Rasen mag gut zum Fußballspiel geeignet sein, Futter für die Sinne ist er kaum.

Wohlgefühl entsteht durch die natürliche Umgebung in Verbindung mit einer sinnesfreundlichen Gestaltung von Geländebereichen. Eine Blumeninsel, die Integration von verwunschenen Orten, von Kunst und Kreativität in die Natur, Rückzugsräume in (Weiden-) Tipis, Strauchhöhlen oder pflanzengeschützten Sitzgruppen sind Beispiele, wie das Gelände ein individuelles, sinnlich anspruchsvolles und bewegendes Gesicht bekommen kann.

Einen positiven Beitrag können auch in den Garten integrierte Stationen sein, die bestimmten Sinnen gewidmet und dafür eindrucksvoll hergerichtet sind, etwa ein „Summstein" oder ein „Holzxylofon", wie sie Hugo Kükelhaus (1975) entwickelt und beschrieben hat.

Das Kräuterbeet ist angelegt – der Frühling kann kommen.

Viele Kita-Gärten sind umgeben und z. B. gegenüber einer Straße gesichert durch Drahtzäune, die eher an Käfige erinnern als an sinnliche Umgebungen. Es ist in der Regel gar nicht schwer, solche Zäune zu begrünen oder durch künstlerische Projekte freundlicher zu gestalten. Im Rahmen von einigen Projekttagen kann hier viel für das Wohlgefühl im Außengelände getan werden.

Der Kükelhaussche Summstein im Stil der Gärten von Bomarzo. Wer den Kopf in diese Steinhöhle steckt, erfährt eine veränderte, aufregend neue Akustik.

5.6.4 Rückzugs- und Entspannungsräume

So, wie bestimmte Geländebereiche zu Bewegung und Aktivität einladen, sollten auch Gelegenheiten geschaffen werden, in denen Kinder zur Ruhe kommen und sich entspannen können. Je nach Gegebenheit eignen sich dafür Weidenkonstruktionen, Buchenhecken, Bambus umgebene Höhlen, oder auch nur Sträucher und Buschwerk am Rande des Geländes (s. Abb. unten).

Im nachstehenden Beispiel wurden aufschießende Pflaumentriebe wachsen gelassen und ein Jahr später kreativ genutzt, um einen magischen Versammlungsort zu schaffen. Inmitten eines Kreises aus

Wenn Weiden einmal angewachsen sind, sind sie sehr widerstandsfähig und anspruchslos.

Pflaumensprösslingen wurde mit Rindenmulch eine Insel angelegt, die zum Rückzug einlädt und das Alltagsgewusel vergessen lässt (s. Abb. unten).

Pädagogische Vorbehalte gegen solche „Verstecke" beruhen meist auf dem Argument der Aufsichtspflicht. Die Höhlen und Hecken machen es den Pädagog*innen schwer, jederzeit den Überblick zu behalten und Einsicht in das Tun der Kinder nehmen zu können. Allerdings haben Studien nachgewiesen, dass bei Kindern die Risikokompetenz, also ihre Fähigkeit, das Für und Wider ihres Tuns abzuwägen, mit der Bereitschaft von Pädagog*innen wächst, ihnen mehr unkontrollierten Freiraum zu geben (Vetter u. a. 2008).

Der „Blaupflaumenblaubaumraum", in den die Kinder dürfen, wenn sie versucht haben, seinen Namen auszusprechen …

5.6.5 Treffpunkte

Solche Orte sind auch von Kindern gerne angenommene, beliebte Treffpunkte. Neben der Rückzugsidee ist es allerdings vor allem die Kommunikationsgelegenheit, die es sinnvoll macht, Treffpunkte für den Garten einzuplanen. Diese können selbstverständlich auch offener in das Gelände eingebaut werden.

Ein Treffpunkt, wie dieser, eignet sich für unterschiedliche Zwecke, vom Gespräch in der Kindergruppe bis zum Teamgespräch.

Sie sind ja beispielsweise auch für Zusammenkünfte und Besprechungen der Pädagog*innen untereinander und mit den jeweiligen Kindergruppen dienlich. Neben den bereits angesprochenen Foren können dies Tisch- und/oder Sitzgruppen sein, die allerdings die Aktionsräume nicht unterbrechen und ein bisschen geschützt etwa durch Sonnensegel, Bäume oder Sträucher, in das Außengelände verteilt werden.

5.7 Blicke über den Zaun

Ist das Außengelände doch zu klein? Bietet es zu wenig Unterschiede und Anregungen? Oder sind Sie mit ihrem Kitagarten an sich sehr zufrieden, wollen aber aus anderen Gründen weiter hinaus?
Ein Blick über den Zaun lohnt allemal: Was gibt es um das Gelände herum zu entdecken? Wie können die Möglichkeiten, die das eigene Gelände bietet, durch die Nutzung der Umgebung erweitert werden? Welche eigenen Ressourcen können wir sparen oder für andere Zwecke umleiten, wenn wir Gegebenheiten im Umfeld nutzen?

Die Bedingungen und Situationen von Kitas sind höchst unterschiedlich, aber Beispiele für ergänzende Funktionen der Umgebung lassen sich fast überall finden. Hier seien einige konkrete Beispiele genannt:

- *Der Brombeerdschungel*

Ein solcher Dschungel entstand kürzlich im Nachbargelände der psychomotorischen Kita Wolke 7 in Bonn: Es handelt sich um eine größere brachliegende Fläche, die an das Kitagelände anschließt. Über viele Jahre war dort ein dicht von Brombeeren überwuchertes und undurchdringlich erscheinendes Gestrüpp gewachsen. Im vergangenen Jahr nahmen sich erst Eltern und Erzieher*innen, dann auch Kinder ein Herz und schnitten verschlungene Wege und freie Plätze ins Dickicht (s. Abb. S. 172 oben).

Diese Wege und Flächen bilden jetzt eine zusätzliche, geheimnisvolle und auch riskante Bewegungs- und Erfahrungslandschaft mit ganz besonderem Reiz. (s. Abb. S. 172 unten)

Im März sind Wege und Gänge ins Brombeerdickicht geschnitten.

Luftaufnahme des Geländes im Mai. Die Gänge sind überwuchert – die Gänge bewahren ihr Geheimnis.

- *Ein öffentlicher Spielplatz nebenan?*

Warum sollten wir die begrenzte Fläche unseres Außengeländes für eine große Rutsche verbrauchen, wenn diese auf dem sehr nahe gelegenen oder sogar benachbarten öffentlichen Spielplatz zur Verfügung steht. Die Mitnutzung dort vorhandener Großgeräte (Schaukeln, Kletter- und Balanciergeräte) spart Ressourcen im eigenen Gelände und gibt Gelegenheit für andere Schwerpunktsetzung.

- *(Schreber-)gärten in der Nachbarschaft?*

Nein es muss nicht „Schreber" sein, der für diese Namensgebung hervorgeholt wird. Schließlich ist dessen weniger pädagogischer als disziplinarischer Ansatz heutzutage untragbar. Es geht darum, etwa für den Gartenbau geeignete Flächen in der Umgebung der Kita zu finden. Dabei gibt es die unterschiedlichsten Möglichkeiten, z. B.

- Das Einsteigen in eine bestehende Garteninitiative, evtl. mit Nutzung des Expertenwissens erfahrener Gartenbesteller*innen in der Nachbarschaft. Diese Gartenvereine sind sehr unterschiedlich und es erscheint sinnvoll, sich vor dem Engagement über deren Satzung, Hintergründe usw. zu informieren.
- Die Anmietung von Ackerflächen, die von Landwirten vorbereitet werden und anschließend über die Vegetationszeit durch die Kita-Initiative bearbeitet werden. Dieses System erspart die in der Kita manchmal ja kaum zu schaffenden Vorarbeiten. Außerdem wird das Pachtverhältnis jährlich vereinbart, benötigt also weniger langfristige Verbindlichkeit.

- *Kein Platz für Roller und andere Fahrgeräte?*

Seit in den frühen 2000er Jahren unter anderem im Rahmen der „Rollerstudie"[20] nachgewiesen wurde, dass im Kindergartenalter rollend-kippende Erfahrungen (Roller, Laufräder etc.) eine bedeutende

Rolle für die gesamte motorische Entwicklung von Kindern spielen, versucht jede Kita, Fahrerfahrungen vor allem im Außengelände anzubieten. Dafür werden in nahezu allen Kita-Neubauprojekten Fahrwege und Garagen angelegt.

20 Die Rollerstudie (Lensing-Conrady, Neumann-Opitz 2003) wurde aufgrund der hohen Zahl von Radfahrunfällen von Kindern im Auftrag der Bundesanstalt für das Straßenwesen durchgeführt. Es sollte untersucht werden, ob das Rollerfahren eine wichtige Vorstufe zum Radfahren darstellt und deshalb unfallvermindernd wirkt.

Manchmal, vor allem auch in älteren Einrichtungen, ist aber auch kein Raum dafür vorhanden (zu klein, anderweitig verplant ...). Hier erwächst die Frage, wo die Kinder denn sonst diese wichtigen Bewegungserfahrungen machen können. Gibt es stillgelegte oder sehr verkehrsberuhigte Straßen, Parkflächen oder Plätze, die mitgenutzt werden können?

5.8 Natur- und Waldkitas

Wald- und Naturkindergärten stehen nicht im Mittelpunkt dieses Buches, obwohl es dort natürlich auch Gestaltungsraum gibt. Für jede Kindertagesstätte sind aber Fragen von Bedeutung wie: Wo befindet sich der nächstgelegene Wald? Wie können wir für die Kinder Wald- und Naturerfahrungen erschließen?

Wie geht und rennt es sich auf der dicken Laubschicht des Waldbodens?

Manchmal grenzt er unmittelbar ans Gelände an und man braucht „nur ein Törchen". Natürlich bedarf es Vorinformationen zu den Waldbesitzer*innen, Genehmigungsverfahren, Gefahrenprävention etc. – aber das gilt für alle Waldprojekte.

Insgesamt ist die zusätzliche Einbeziehung von Walderfahrungen zu Recht immer häufiger auf der Agenda pädagogischer Konzeptionen. Man kann der Meinung sein, die Welle des „Waldbadens", wie sie etwa die japanische Shinrin-yoku-Bewegung antreibt, sei esoterisch überhöht. Gleichwohl kennt jede/r Interessierte die erleichternde Wirkung frischer und feuchter Waldluft an heißen Sommertagen oder die wohltuende Wirkung der Grüntöne des Waldes auf unsere Psyche und Ausgeglichenheit.

Klettern und Spielen im Wald

Von regelmäßigen Waldtagen, der Einrichtung von Waldgruppen bis hin zum Waldkindergarten[21] werden verschiedenste Ansätze erprobt. Alle Erfahrungen zeigen, dass die stärkere Einbeziehung von Wald- und Naturerfahrungen ein weitreichendes Lernfeld eröffnet und eine sinnvolle und gewinnbringende Ergänzung der kitaeigenen Außenanlagen darstellt.

Aktivitäten beim Ausflug in den Wald

21 Waldpädagogik, Waldkindergärten etc. sind ein eigenes lohnendes Thema, dem allerdings in diesem Buch, in dem es um die Gestaltung von Kindertagesstätten geht, nicht weiter nachgegangen werden kann.

6. Übergänge: Von drinnen nach draußen und zurück

Im Kita-Alltag gehen die Aufenthaltszeiten für drinnen und draußen fließend ineinander über. Für die Nutzung des Außengeländes ist eine Logistik hilfreich, die die Fragen einbezieht, wie wir vom Haus aus in das Gelände und auch umgekehrt von draußen nach drinnen kommen. Je kürzer die Wege sind, je weniger Aufwand das Umkleiden bedeutet und je weniger Sand und sonstiger „Naturschmutz" in die Räume hineingetragen wird umso eher, spontaner und entspannter wird das Gelände genutzt.

■ *Schmutzschleusen*

Auch wenn unter anderem Sand auf dem Kita-Fußboden zum gelebten Alltag gehört, ist es doch sinnvoll, die Verschmutzung der Innenräume soweit es geht zu vermeiden. Ein Kautschukboden hält ohne schmirgelnden Sand deutlich länger, ein Fliesenboden wird durch den Sand rutschiger usw. Auch nach Ausflügen in den Wald oder in matschiges Gelände, kann viel Erde und Feuchtigkeit in die Einrichtung getragen werden.

Wenn möglich (in neu zu bauenden Einrichtungen ist das meist Teil der Raumplanung) sollte der Gedanke einer „Schmutzschleuse" verfolgt werden, in der die Aufbewahrung und das grobe Säubern von Stiefeln und „Schlechtwetter"-Kleidung organisiert wird. Den Zugang ins Gebäude und den Übergang vom Gelände in die Räumlichkeiten zu optimieren, heißt, die Nutzungszeiten des Außengeländes zu erhöhen. Im einen oder anderen Fall wäre auch ein kleiner diesbezüglicher Anbau realistisch umsetzbar, in dem zum Beispiel die Stiefelhäuschen Platz hätten oder Matschhosen aufgehängt werden können.

■ *Wetterangepasste Verlegung bestimmter Funktionsbereiche nach draußen*

Dass bestimmte Funktionsbereiche wie das Atelier oder der Werkraum bei geeignetem Wetter vorteilhaft nach außen verlegt werden können, wurde bereits beschrieben. Aber auch hier entscheidet die Logistik darüber, wie häufig oder kontinuierlich das geschieht.

Idealerweise grenzen das Atelier und der Werkraum direkt an den befestigten Gartenbereich, nur durch eine große Balkontür getrennt. Jedenfalls ist ein solcher Außenbezug ein Argument bei der Positionierung der Funktionen im Gebäude: Wie leicht können wir ins Freie „umziehen"?

■ *Attraktiv: Fluchtrutschen*

Damit die Kinder, wenn Gefahr im Verzug ist, aus höheren Gebäudeteilen schneller ins Freie gelangen, werden nicht selten Fluchtrutschen installiert. So weit so gut. Leider sind diese Rutschen aber oft für den Alltagsverkehr gesperrt, weil sie ja eben nur für den Fall der Flucht da seien: „Dies ist eine reine Fluchtrutsche!"

Hier sollten Sie aus zwei Gründen widersprechen. Zum einen ist das Rutschen sehr attraktiv und kann prima in den Bewegungsalltag integriert werden. Zum Zweiten ist doch die Tatsache, dass die Kinder die Rutsche im täglichen Spiel kennenlernen, der beste Garant dafür, dass sie sie im Gefahrenfall auch schnellstmöglich und sicher nutzen können.

7. Umsetzung von Gestaltungsideen

Ganz nach Erich Kästners Feststellung, „Es gibt nichts Gutes, außer man tut es!", ist es meistens ratsam, Vorhaben nicht „auf die lange Bank" zu schieben, sondern loszulegen. Begeisterung und Engagement für neue Schwerpunkte in der Arbeit dürfen nicht gebremst werden. Dies gilt zumindest für kleinere Maßnahmen, wie die Veränderung der Raumaufteilung, einfachere handwerkliche Renovierungen oder die Verwendung der vorhandenen Haushaltsmittel für vorgesehene Anschaffungen.
Nicht verwechselt werden sollte das allerdings mit „blindem" Aktionismus. Hilfreich für eine nachhaltige Gestaltung sind Fragen nach den jeweiligen Interessen und Argumenten der Beteiligten. Was soll gestaltet werden, wie und warum soll das passieren? Diese Diskussi-

Planungsgespräch vor Ort

on im Team hilft, Gemeinsamkeiten und Unterstützung zu verstärken, einen Konsens über die Verwendung der Haushaltmittel herzustellen und Schwung ins Projekt zu bringen.

Engagement und Ideenreichtum sind Säulen der Raumgestaltung. Und manches Mal stand im Keller noch ein Regal, das jetzt eine neue und sinnvolle Verwendung findet. Aber manchmal sind Neuanschaffungen unumgänglich und dann kostet es auch Geld. Vielleicht helfen hier einige erfahrungsgetragene Regeln für Anschaffungen:

- Weniger ist oft mehr
- Versuchen Sie, Anschaffungen möglichst erfahrungsgetragen zu tätigen. Was brauchen Sie wirklich?
- Beziehen Sie möglichst das ganze Team in Gestaltungs- und Anschaffungsprojekte ein.
- Kaufen Sie möglichst selten im Voraus. Warten Sie mit Anschaffungen, bis Sie das Bedürfnis genau beschreiben können.
- Sichten Sie Alternativen. Kann eine Handwerker*in vor Ort die Leistung passender anbieten als der Fachkatalog? Vergleichen Sie Angebote, auch wenn das länger dauert.
- Natürlich ist das Budget begrenzt, aber entscheiden Sie nicht nur nach dem Preis. Welche Vorteile hat eventuell das teurere Angebot? Wie groß sind die Qualitätsunterschiede? In welchem Verhältnis steht der Langzeitnutzen zum Preis?
- Denken Sie ggfs. über ihr Budget hinaus. Wo und wie könnten zusätzliche Mittel akquiriert werden (s. u.)?

Manchmal hat man Glück: In der Nachbarschaft wird beispielsweise ein komplettes „Motorik-Modul" aufgrund eines Umzuges einer Kinderpraxis abgegeben. Dann muss recht kurzfristig entschieden werden, ob dieses Modul für unsere Kita einen Mehrwert darstellt, ob ein geeigneter Aufstellungsort vorhanden ist usw. In der Regel aber gilt: „Gut Ding braucht Weile!"
Natürlich sind nicht alle in den bisherigen Kapiteln genannten Vorschläge kurzfristig zu verwirklichen. Für größere und evtl. auch teure-

re Projekte ist die Erstellung eines Kita-Entwicklungsplanes zu empfehlen, in dem auf der Grundlage einer Gesamtidee einzelne Projektbereiche betrachtet werden. Diese können dann, gegebenenfalls auch über Jahre, abgearbeitet werden. Insbesondere im Hinblick auf den Entwicklungsplan ist sicher auch eine fachkundige Beratung hilfreich.

7.1 Partizipation

Umfangreichere Projekte benötigen eine möglichst breite Unterstützung. Während die Motivation und die Gestaltungsideen meistens aus dem Team kommen, wächst deren Chance, umgesetzt zu werden, mit der Partizipation möglichst aller Beteiligten: Team, Träger, Eltern, Kinder, Nachbarschaft und andere mehr. Um den „Vorwärtsef-

Konkrete Planung im Team

fekt" des Projektes nicht zu gefährden und eine breite Unterstützung zu sichern, sind strategische Schritte hilfreich, die abgearbeitet werden sollten.

- *Information und Befragung*

Es ist viel zu tun – wo fangen wir an? Wer ist in welcher Form vom Projekt betroffen? Wer hat welches Interesse in Bezug auf das Projekt? Werden Änderungen am Projektkonzept vorgeschlagen oder gewünscht? Wer könnte sich gegen das Projekt stellen und warum? Wer kann, wer will vielleicht schon Verantwortung übernehmen?

- *Argumente sichten*

Was spricht für die geplanten Maßnahmen, was dagegen? Oft haben Projekte nicht nur Vorteile. Wenn z. B. ein Weidentunnel gepflanzt werden soll, gilt es auch, den in Zukunft anfallenden Schneidebedarf zu bedenken. Dieser wird erträglich, wenn Pläne mit dem zu erwartenden Schnittgut entworfen werden: vom Brennmaterial für die Feuerstelle, diverse Bastelarbeiten bis hin zum Korbflechten gibt es genügend pädagogisch sinnvolle Verwendungsmöglichkeiten. Wo treffen sich Interessen und Argumente? Die Suche nach Gemeinsamkeiten und Nutzen für alle ermöglicht eine nachhaltige Zusammenarbeit.

- *Elternmitarbeit*

Eltern sind wichtige Unterstützer*innen, oft auch Macher*innen. Sie bringen unterschiedlichste Berufserfahrungen mit ein und sind natürlich interessiert an Projekten, die die Situation ihrer Kinder verbessern. Sie brauchen allerdings oft Koordination, Ermutigung und Planungshilfen aus der Gesamtidee heraus. Denn Eltern, das sollte nie vergessen werden, sind oft auch mit anderen Dingen beschäftigt oder belastet, als mit der Kita ihrer Kinder, die sie auch gerne mal „einfach abgeben" und gut betreut wissen wollen. Insofern ist es wesentlich, Eltern einzubeziehen, aber nicht zu überfordern. So hat „unsere" Kita bei allen Projekten (ein Beispiel nachstehend) versucht, den Zeitraum von drei Wochenenden im Jahr nicht zu überschreiten. Diese Wochenenden wurden so gut vorbereitet, dass jede Frage von El-

*Auch größere Projekte sind, wenn sie gut vorbereitet sind, in Eigenregie realisierbar: Die von Eltern und Mitarbeiter*innen unter Beteiligung der Kita-Kinder gebaute Kletteranlage in der psychomotorischen Kindertagesstätte „Wolke 7" in Bonn.*

tern, „Was kann ich machen, wo werde ich gebraucht?", unmittelbar beantwortet werden konnte.

Partizipation der Kita-Kinder

Alles spricht dafür, Kinder an den Entstehungs- und Umsetzungsprozessen teilhaben zu lassen. Sie lernen, sich in ihren Lebenszusammenhang einzubringen und Ideen zu entwickeln. Teilhabe und Mitwirken sind allerdings zweierlei. Das Mitwirken kann nur im Rahmen ihrer Erfahrungswelt und ihrer Möglichkeiten realisiert werden.

Einen guten Rahmen für die Frage, in welchen Bereichen das Mitwirken von Kindern sinnvoll und auch für die Kinder gewinnbringend ist, bildet das Maß an Kohärenzgefühl (Antonovsky 1997), das ein solches Projekt bei Kindern auslöst.

Verstehbarkeit: Die Projektinhalte werden als kognitiv sinnvoll, vorhersehbar, durchschaubar und erklärbar wahrgenommen.

Machbarkeit: Die Projektinhalte werden als zu bewältigen bzw. lösbar wahrgenommen, die Kinder glauben daran, dass sie das können.

Bedeutsamkeit: Die Projektinhalte werden so bewertet, dass sie der Anstrengung und des Engagements wert seien.

Daraus folgt, dass die Frage, wie und in welchen Bereichen einer Beteiligung von Kindern sinnvoll ist, nicht zuletzt von der pädagogischen Aufarbeitung der Projektinhalte abhängt.

7.2 Weitere Umsetzungsstrategien

- *Kleinere Projekte*

Wollen Sie einen Raum oder eine Gruppe umgestalten?
Dann könnten Sie „einfach" mal umräumen. Oft ist es in solchen Fällen aber hilfreicher, die „Uhr auf 0 zu stellen". Stellen Sie sich den Raum komplett leer vor. Besorgen Sie sich den Grundriss des Raumes aus dem Gebäudeplan. Legen Sie ein Pergamentpapier (Butterbrotpapier) darüber, damit der Grundrissplan durchscheint. Beginnen Sie dann, die Dinge einzuzeichnen, die Sie auf jeden Fall beibehalten möchten. Und dann fügen Sie nach und nach Ihre anderen Themen hinzu. Für Möbelstücke ist es auch sinnvoll, Pappschablonen im Maßstab des Gebäudeplanes anzufertigen, die Sie dann auf dem Papier verschieben können, um eine konkretere Vorstellung vom Platzbedarf zu bekommen.

- *Werkprojekte, Sozialpraktika*

In vielen mittelgroßen und größeren Betrieben werden Sozialpraktika insbesondere für Auszubildende, manchmal aber auch für ganze

Erst ein Arbeitsprojekt im Sozialpraktikum – jetzt ein beliebter Treffpunkt vor der Kita.

Abteilungen durchgeführt, in deren Zusammenhang soziales Engagement in der Praxis erlebt wird. Hier kommt es, wenn auch oft nur für ein oder zwei Tage, zu erheblicher Arbeitskraft, die für überschaubare Projekte genutzt werden kann. So können Hochbeete oder andere Gartenbereiche entstehen, Klettergerüste gebaut und montiert oder Baumpodeste (s. u.) angelegt werden. Wichtig ist hier wieder die gute Vorbereitung. Für jede/n, die/der kommt, muss eine beschreibbare Aufgabe vorbereitet werden. Zudem müssen evtl. die benötigten Materialien, manchmal auch Werkzeuge bereitgestellt werden.

- *Erfahrungen einholen*

Wo gibt es Erfahrungen in den projektierten Bereichen? Die Umsetzung eines Projektes fällt wesentlich leichter, wenn von Erfahrungen bereits realisierter Projekte ausgegangen werden kann. Sie verspricht mehr Erfolg, wenn mögliche Fehlerquellen bekannt sind – denn Fehler sind in früheren Projekten natürlich auch passiert. Die wesentliche Frage, wo denn ein etwa gleichartiges Projekt schon einmal umgesetzt wurde, ist eher von denjenigen zu erwarten, die in einer größeren Zahl verschiedener Einrichtungen tätig sind, etwa die Sicherheitsberater*innen der Unfallkassen, Fachberater*innen der Trägerverbände, Referent*innen von Vor-Ort-Seminaren und manchmal auch Vertreter einschlägig tätiger Einrichtungs- und Ausrüstungsfirmen. Vertrauen Sie eher auf den Rat spezialisierter Fachbetriebe als auf den der Anbieter von „Komplettlösungen".

- *Projekte in Schritten und Abschnitten planen*

Gerade bei größeren Projekten kann das Gefühl entstehen, das Ganze aus dem Überblick zu verlieren und nicht schaffen zu können. Hier hilft es, Prioritäten zu setzen und jeweils einzelne Projektbereiche zu fokussieren (aber dabei gleichwohl das Gesamtprojekt nicht aus den Augen zu verlieren).

- *Treibriemen und Motoren*

Wie kann bei mittel- und längerfristigen Projekten eine dauerhafte Motivation und ein anhaltendes Engagement der Beteiligten aufrechterhalten werden? Es kann ja auch immer zu Verzögerungen kommen, z. B. neu auftretende Schwierigkeiten wie personelle Engpässe, Verteuerungen einzelner Projektelemente, Lieferschwierigkeiten etc., die „nerven". Damit die Anfangseuphorie nicht so leicht verfliegt und das Engagement erhalten bleibt, den „Strang" zu entwickeln, an dem alle ziehen sollen und können. Nachstehend einige Beispiele, wie anhaltende Motivation unterstützt werden kann.

- *Leuchtturmprojekte*

Die Bezeichnung als „Leuchtturmprojekt" unterstreicht die Bedeutung des Projektes für die Einrichtung, für die Gesamtentwicklung der Kita, aber auch für die Wahrnehmung der Kita von außen. Das führt dazu, dass immer wieder nachgefragt wird, wie weit das Projekt ist, worin der Grund für Verzögerungen liegt, wann es denn weitergeht, und im Idealfall auch, wie man/frau helfen kann.

- *Gründung einer Projekt AG aus Team, Eltern und Trägervertreter*innen*

Mit der Schaffung eines regelmäßig (z. B. ein wöchentlicher Termin) zum Projektthema tagenden Gremiums wird gewährleistet, dass ebenso regelmäßig über den Fortgang des Projektes sowie jetzt notwendige oder hilfreiche Schritte gesprochen wird. Hier sollte Rechenschaft über die einzelnen Maßnahmen geleistet und Verantwortlichen für bestimmte Bereiche bestimmt werden. Allein schon der regelmäßige Termin sorgt für „Druck" im positiven Sinne.

- *Projekteinbindung in einen Zertifizierungsprozess*

Eine sehr wirkungsvolle Projektunterstützung ist die Einbindung des Projektes in einen übergeordneten Gesamtzusammenhang. Eine Qualifizierung zum Bewegungskindergarten, zum Haus der kleinen Forscher, (... ....) unterstützt die jeweiligen Schwerpunktsetzungen und damit auch Projekte, die in diesen Bereichen angesiedelt sind. Besonders umfangreich unterstützt die Zertifizierung „anerkannte psychomotorische Kindertagesstätte" Projekte zur Raumgestaltung, weil dies neben der Team- und Konzeptionsentwicklung ein ausgewiesener Schwerpunkt im Gesamtkonzept der Zertifizierung ist. Nachdrücklich und einleuchtend beschreiben dies die Kita-Leitungen Melanie Ros und Vanessa Dehler in ihrem Gastbeitrag (S. 000 ff.)

7.3 Das liebe Geld – Haushalte und Mittelakquise

■ *Kostenkalkulation*
Eine solide Kostenkalkulation ist die Basis jeder größeren Aktivität. Sie ist nicht nur für Ihren eigenen Überblick vonnöten, sondern wird für jeden Förderantrag verlangt. Neben der Aufstellung der in der Projektphase direkt entstehenden Kostenfaktoren sollten auch mögliche Folgekosten berücksichtigt werden.

■ *Wer könnte unser Gestaltungsprojekt fördern und warum sollte er/sie das tun?*
Sozialverbände und größere Träger haben in der Regel Fachberatungen, die Ihnen in solchen Fragen weiterhelfen können. In regionalen Medien, Tageszeitungen u. a., wird über die unterschiedlichsten Förderaktivitäten in der Region berichtet. Es lohnt sich, das nachzuhalten ...

■ *Was können wir selbst beitragen – wofür brauchen wir Hilfe?*
Eine ganz wesentliche Überlegung für öffentliche und private Geldgeber ist die Frage, was von Ihnen bzw. der Einrichtung selbst getan wird, um das Projekt erfolgreich zu gestalten. Welche Eigenleistungen können Sie anbieten?

■ *Projekte zur Erhöhung des Kita-Etats*
Vom Basar und Floh- oder Weihnachtsmarkt, über den Verkauf von Früchten, Nüssen, Blumensamen etc. aus dem Ertrag zum Beispiel des Gartens bis hin zum Großelterntag oder semiprofessionellen Brotbackaktionen für die Kita-Familien – viele Kitas versuchen erfolgreich, neben den gegebenen Haushaltsmitteln eine Erweiterung der finanziellen Ressourcen zu ermöglichen.

Hier entsteht eine Kräuterspirale. Zusammen macht's auch noch Spaß!

- *Öffentliche Mittel*

Es gibt speziell eingerichtete Fördertöpfe von Kommunen, Landkreisen, Bundesländern, mit denen Einrichtungen in verschiedenen Bereichen unterstützt werden. Diese Bereiche und die Art der Mittelvergabe sind in Förderrichtlinien festgelegt. Fragen Sie nach. In der Regel wissen Ihre Fachberatungen, die Sozial- oder Jugendämter u. a. m. darüber Bescheid und geben Auskunft.

- *Stiftungen*

Stiftungen haben Satzungen, in denen die Zwecke und Arten möglicher Förderungen festgelegt sind. Besorgen Sie sich diese Vergaberichtlinien insbesondere von regional aktiven Stiftungen z. B. der Banken, Bürgerstiftungen und Mitteln der Kommunen.

■ *Private Förderungen*

Wohlhabende Unternehmen und Privatpersonen im Umfeld der Einrichtung gibt es vielerorts. In der Regel sind sie mindestens regional bekannt. Nicht selten besteht eine hohe Bereitschaft, auch sozial engagiert und tätig zu sein. Sie gilt es natürlich erst einmal zu interessieren, für die Einrichtung und ihre Arbeit, für das Projekt selbst.

Eine Spendentafel erinnert an die geleistete Unterstützung

Gerade hier ist es von Bedeutung, Förderung nicht als „Einbahnstraße“ zu sehen. Was könnten diese Firmen/Personen davon haben, ein bestimmtes Projekt zu unterstützen. Was könnte die Kita im Gegenzug für sie leisten? Wie kann das Projekt zu Gunsten der Spender*innen öffentlich dargestellt werden?[22]

- *Projektberichte: Transparenz, Information und Anerkennung*

Eine ausführliche Berichterstattung über den Ablauf des Projektes und insbesondere darüber, welche positive Veränderung das Projekt in den Kita-Alltag gebracht hat, ist von elementarer Bedeutung. Denken Sie daran: Wer einmal spendet, könnte dies auch wieder tun! Im Abschlussbericht eines Projektes ist allerdings nicht Schönfärberei gefragt, sondern Transparenz. Wie ist das Projekt abgelaufen? Gab es Schwierigkeiten? Zu welchem Ergebnis hat das Projekt geführt? Wie hat es die Einrichtung weitergebracht? Sachliche Informationen sollten dann auch mit einer Anerkennung und dem Dank für den Projektbeitrag der Spender*innen verbunden werden.

- *Projektabrechnung und Ausgabenbelege*

Natürlich muss auch über die finanzielle Abwicklung des Projektes ein genauer Nachweis geführt werden. Alle Ausgaben müssen mit Rechnungen und Zahlungsbelegen aufgeführt werden. Im Idealfall erreichen die Ausgaben exakt die Höhe der Kostenkalkulation. Wenn dem nicht so ist, ist das kein Problem. Aber es sollten die Gründe dafür benannt werden. Je klarer und transparenter die Projektabrechnung erfolgt, desto besser sind die Chancen, erneut Fördergelder erhalten zu können.

---

22 Aber Vorsicht! Nicht alle Spender*innen wollen öffentlich genannt werden. Fragen Sie unbedingt nach, wie und in welcher Form das Projekt veröffentlicht werden kann.

7.4 Hindernisse und ihre Beseitigung

Natürlich gibt es immer wieder Hindernisse, die kleinen und großen Projekten entgegenstehen. Aber sie sind da, um sie zu überwinden. Hier einige klassische Hindernisse, die es zu beseitigen gilt:

„Zu teuer" ist manchmal wahr, oft aber ein gängiges Abwehrinstrument. Geben Sie sich damit nie zufrieden. Vergleichen Sie die Preise selbst. Überprüfen Sie Alternativen. Darüber hinaus ist die Bedeutung der Maßnahme für das Wohl, die Bildung, die Versorgung und/oder Förderung der Kinder, Ihr Hauptargument für eine Maßnahme. Ein hoher pädagogischer Wert relativiert den Preis.

„Geht nicht" gibt es nicht. Die passende Frage ist: „Wie geht es denn?" Wenn etwa eine Decke nicht belastungsfähig ist (z. B. für Aufhängungen von Schaukeln etc.), verteilt ein Motorik-Modul die Last auf den Boden. Es gibt immer eine Lösung. Natürlich ist die manchmal schwerer zu realisieren.

Gerade in kommunalen Einrichtungen, aber auch bei größeren Trägerverbänden ist ein Denken in Haushaltstiteln und Bewilligungszeiträumen, sogenannten „Töpfen" weit verbreitet. Das mag haushaltstechnische Vorteile haben, in der Praxis kann es sehr hinderlich sein, wenn ein Topf leer, der andere noch gefüllt ist. Wenn etwa zwischen Einrichtungs- und Baukosten unterschieden wird, wie sind dann fest eingebaute Podeste verortet? Eben diese Frage führte bei der Gründung der psychomotorischen Kita „Wolke 7" in Bonn zu Gesprächen mit der Bonner Stadtverwaltung, mit dem Ergebnis, dass die Topfbindung aufgehoben wurde. Stattdessen wurde ein projektbezogener Gesamthaushalt in Höhe der im Haushalt bewilligten Mittel vereinbart. Dies erlaubte die hilfreiche Flexibilität, Podest-Kosten als „Baukosten" auszuweisen oder für das Außengelände projektierte Mittel in den Innenbereich (hier speziell: Bau einer Eingangshalle) zu investieren.

Manchmal wird die Einbindung von Erfahrungen im Planungsprozess als lästig empfunden. Mitunter sind Architekt*innen oder Verwaltungen recht beratungsresistent. Dies gilt zum Beispiel für die Sichtung von Erfahrungen aus früheren Bauprojekten ebenso wie für die pädagogischen Erfahrungen von Erzieher*innen, die manchmal gar nicht oder nur pro forma in die Planung mit einbezogen werden. Das kann groteske Züge annehmen, wenn etwa die Leiterin eines 5-gruppigen Kindergartens, die sich für die Ausführungsarbeiten zu ihrer neugebauten Kindertagesstätte interessiert, mit einem Betretungsverbot belegt wird, weil sie mit ihren Fragen und Wünschen „zur Last" fällt. Stattdessen sei hier vorgeschlagen, immer auch einen pädagogischen Beirat zu installieren, wenn Einrichtungen, einzelne Räume oder Geländebereiche verändert oder neu gebaut werden. Erfahrungen im konkreten Berufsfeld sind maßgebliche Beiträge zur Entwicklung einer kindgemäßen und förderlichen Kita-Landschaft.

Für die Praxis vieler Einrichtungen stellen Sicherheitsbestimmungen, Brandschutzmaßnahmen oder Einwände der Hygienemedizin eine Quelle für Verzögerungen, Bedenken und Einsprüchen bis hin zu Verboten dar. Dies ist umso stärker der Fall, je dominanter Unfallkassen, Feuerwehr oder Gesundheitsämter auftreten. Stattdessen ist eine Abwägung von gesetzlichen Vorgaben und dem Lebensgefühl und Interessen der Kinder und Pädagog*innen und Kitas angezeigt, die das Miteinander in den Vordergrund stellt. Die besten Erfahrungen einer Zusammenarbeit werden dort gemacht, wo die Expertise und der Rat der genannten Institutionen aktiv bereits im Planungsprozess erfragt und einbezogen wird. Wenn diese Offenheit der Kita auf eine Flexibilität der Sicherheitsfachleute trifft, sind kreative Lösungen in Sicht.

… und immer an das Schöne denken!

Nur Mut! Wer nicht wagt, der nicht gewinnt.

8. Mut-Macher*innen: Raumgestaltung in der Praxis

Gastbeitrag von Melanie Ros und Vanessa Dehler zur Entwicklung der Kindertagesstätte Anne Frank in Nümbrecht

Vorweg: Wir möchten unserem Bericht einige Informationen vorausschicken, die den Rahmen beschreiben, den wir als „Motor" unseres Raumgestaltungsprozesses genutzt haben: Das Gütesiegel „anerkannte psychomotorische Kita".
Das Institut für angewandte Bewegungsforschung (IfaB) im Förderverein Psychomotorik Bonn erkennt Kindertagesstätten als psychomotorische Einrichtung an.
Um sich schließlich „anerkannte psychomotorische Kita" nennen zu dürfen, muss die Einrichtung einige Voraussetzungen erfüllen, die in einem Prozess in Begleitung durch Referenten und Berater des IfaB weiterentwickelt und geprüft werden.

Die Autorinnen dieses Gastbeitrages

Am Anfang steht der Wunsch der Einrichtung, sich qualitativ weiter zu entwickeln und sich ein besonderes Profil zu geben. Wenn dieser Wille da ist, erfolgt in den Bereichen Personal, Konzeption, Raumgestaltung und dem Zusammenwirken aller Beteiligten eine Bestandsaufnahme. In diesen Feldern werden im Rahmen Bestandsaufnahme die bereits bestehenden Qualitäten erfasst und mit den Anforderungsprofilen des Gütesiegels verglichen. Auf dieser Basis werden Entwicklungsziele für die einzelnen Qualitätsfelder vereinbart. Sie zu erreichen ist der Kern der beginnenden Zusammenarbeit. Der gesamte Zertifizierungsprozess wird begleitet und gemeinsam gestaltet von und mit der Einrichtung und dem Förderverein Psychomotorik Bonn. Die Entwicklungspotenziale werden gemeinsam fokussiert und so die Entwicklung der Kita vorangetrieben.
Der Prozess orientiert sich dabei stets am Ausgangspunkt, den Möglichkeiten und Bedarfen der einzelnen Kita. Damit ist jede Zertifizierung einzigartig, kann unterschiedlich in der Dauer, der Ausgestaltung und der „Arbeitsintensität“ sein, und führt doch zum gleichen Ergebnis: dem Gütesiegel und damit verbunden (und viel wichtiger) der Weiterentwicklung der ganzen Kita mit all ihren Rahmenbedingungen, und der Bereicherung für die dort betreuten Kinder, deren Eltern und die MitarbeiterInnen!
Anhand des Beispiels aus der Praxis der VfsD-Kindertagesstätte „Anne Frank“ in Nümbrecht können wir diesen Prozess schön miterleben.
Wir wollen besonders auf den Bereich der Raumgestaltung eingehen: ein kreativer, manchmal so einfacher, aber oft auch ganz besonderer Qualitätsbereich.

Melanie Ros, selbst Leiterin einer Kindertagesstätte, ist eine der BeraterInnen des IfaB und tauscht sich hier mit Vanessa Dehler aus, die als Einrichtungsleiterin die VfsD-Kindertagesstätte „Anne Frank“ den Zertifizierungsprozess erlebte.

Melanie: Vanessa, Sie machten sich als Einrichtungsleitung mit ihrem Team auf den Weg zur Zertifizierung. Vielleicht können Sie uns erläutern, wie es dazu kam? Mit Blick auf das Thema Raumgestaltung:

welche Gedanken und Erwartungen hatten Sie und Ihr Team zu diesem Qualitätskriterium?

Vanessa: Bei uns hatte eine psychomotorische Ausrichtung unserer Arbeit längst Einzug gehalten, bevor wir uns auf den Weg einer Zertifizierung zur „anerkannten psychomotorischen Kita“ machten.
Über Jahre hatten wir unsere pädagogische Arbeit angepasst an aktuelle Erfordernisse und das, was wir in der Begleitung und Förderung der Kinder für wichtig und richtig empfanden. Mehrere KollegInnen absolvierten die „Zusatzqualifikation Psychomotorik“, wir nahmen an einigen entsprechenden Fortbildungen teil und gestalteten Team-FoBis mit psychomotorischen Inhalten. In der Psychomotorik fanden wir genau das wieder, was wir für uns in der täglichen pädagogischen Arbeit mit den Kindern als passend, zeitgemäß und wichtig erachteten.
Irgendwann war der nächste Schritt nur logisch: Die Zertifizierung!
Wir wollten nicht nur selbst der Meinung sein, psychomotorisch zu arbeiten, sondern wollten dies unabhängig und von Fachleuten begutachtet wissen. Damit verbanden wir das Ziel, uns im Prozess weiterzuentwickeln und uns noch weiter in dieser Richtung zu professionalisieren.
Beim Träger und in der Elternschaft stieß unser Vorhaben auf Interesse und begeisterte Unterstützung.
In den vorangegangenen Jahren hatten wir viele Punkte unserer (außen-)räumlichen Ausrichtung längst psychomotorisch gedacht und eine tolle Ausstattung erreicht.
So gab es beispielsweise bereits Kletter- und Wahrnehmungseinbauten im Flurbereich und in den Gruppen-Nebenräumen.
Das Außengelände hatte schon verschiedene Bereiche mit ganz unterschiedlichen Herausforderungen für die Kinder parat, zum Beispiel ein Hecken-Labyrinth, riesige Stücke eines alten Baumstammes, ein Baumstamm-Mikado u. V. m.
An vielen Stellen waren wir wirklich gut vorbereitet ... und doch gab es noch Entwicklungspotenzial, das uns durch die uns begleitenden Fachleute verdeutlicht wurde. Es gab eine Reihe an Vorschlägen, an welchen Punkten man noch arbeiten könnte, immer in enger Abstim-

mung mit uns und für die Kita mit der Möglichkeit, sie umzusetzen oder sonstige Ideen einzubringen.
Besonders spannend war in der Zusammenarbeit zur Zertifizierung und bei den daraus folgenden Entwicklungsvorschlägen tatsächlich der Punkt der Raumgestaltung.
Wie gesagt waren wir aus unserer Sicht gut ausgestattet, zudem gab es einige Ideen, die teilweise „auf Halde“ lagen oder deren Umsetzung schon angestoßen war.
Und dann passierte Etwas, womit wir tatsächlich nicht gerechnet hatten:
Die meisten „Kritikpunkte“ unseres Berater-Teams und damit das größte Entwicklungspotenzial ergaben sich im Bereich der Raumgestaltung und des Außengeländes!
Eine Mischung aus dem Aufweichen unserer eigenen Betriebsblindheit und den nun folgenden Möglichkeiten zur Feinjustierung führten zu vielen tollen Vorschlägen und gemeinsam entwickelten Ideen, die wir letztendlich als extrem bereichernd erleben durften.

Melanie: Bei der psychomotorischen Raumgestaltung in der Kindertagesstätte geht es darum, einen Dreiklang aus Bewegung, Lernen und Wohlfühlen entstehen zu lassen. In den schon durchgeführten räumlichen Veränderungen in der Anne-Frank-Kindertagesstätte konnte ich genau diesen Dreiklang wahrnehmen und erleben: die große Idee für die Bewegungsanlässe für Kinder, die Herausforderungen und Lernaufgaben in den Aufbauten und die kleinen liebevollen Details, die für ein hohes Maß an Wohlfühlen sorgen.
Die „Sternenburg“ zum Beispiel ist eine besonders gelungene Umgestaltung eures Flures. Ein Flur ist der erste Ort im Haus, in dem die Menschen in den Innenräumen ankommen. Er kann ein lediglich funktioneller Raum sein, ein Durchgangsbereich, in dem Garderoben zum Umziehen zur Verfügung stehen. Mittlerweile aber ist der Flur in den Kindertagesstätten häufig auch eine Begegnungsstätte, ein Aktivitätsraum und ein Spielort. In der Anne-Frank-Kindertagesstätte begegnete uns eine „Sternenburg“, an der der oben angesprochene Dreiklang so wundervoll sichtbar wird. Für Kinder ist dies augenscheinlich ein überaus beliebter Spielort. Vanessa, beschreiben Sie

*Die „Sternenburg“ empfängt die Besucher*innen schon am Eingang.*

uns doch, wie die Sternenburg von den Kindern und Eltern aufgenommen wurde. War von Anfang an klar, so soll sie aussehen und bespielt werden?

Vanessa: Zu Beginn der Idee eines solchen Einbaus ließen wir uns von einem Anbieter beraten. Einige Gedanken und Vorstellungen hatten wir bereits ... und die Vorschläge und Planungen des besagten Anbieters gingen leider komplett an unseren Gedanken vorbei, ignorierten sie förmlich. Das passte so einfach nicht zu uns, und so versuchte ich, UNSERE Idee des Einbaus zu Papier zu bringen und fertigte Zeichnungen an. Mit diesen fanden wir dann die Person, die unsere Ideen seither mit uns umsetzt, gemeinsam weiterentwickelt und auch die technischen Möglichkeiten sowie die Sicherheitsbestimmungen im Blick hat.

Kinder und Eltern waren sofort begeistert und verfolgten die Entstehung gespannt. Sobald möglich schickte ich auch Kinder und Eltern sowie das Team auf und in die einzelnen Bauabschnitte ... so konnten wir noch in der Entstehung sehen, wo Veränderung nötig oder möglich war. Mir ist zudem wichtig, dass vor allem auch die Mitarbeitenden immer selbst die Dinge ausprobieren, die wir den Kindern bieten. Sie sollen selbst wissen und ganz „psychomotorisch" selbst erleben, was wir den Kindern da anbieten, aber ihnen auch abverlangen. Als eine Kollegin an einer der höchsten und schmalsten Stellen stand und sich selbst nicht weiter traute, wusste SIE jedenfalls sehr genau, wie es dem ein oder anderen Kind dort gehen würde.
Der Name für diesen Einbau war dann von den Kindern auch schnell gefunden: so groß, wie eine Burg und so hoch, bis zu den Sternen. Ganz klar eine Sternenburg!
Seitdem sorgt die Sternenburg jeden Tag für Begeisterung, ob als Spielort, als Wohlfühlbereich, als Herausforderung oder als erster Eindruck für Besucher.

Der Eingangsbereich unserer Kita insgesamt.

Die Nebenräume in einem nächsten Schritt mit ähnlichen Einbauten auszustatten war dann nur ein logischer Folgeschritt.
WIE die Einbauten bespielt werden sollen, diese Frage stellen sich die Kinder, nicht wir. Die Einbauten geben Möglichkeiten und setzen in ihrer Ausgestaltung Impulse. Sie sollten inhaltlich möglichst keine Vorgaben zu ihrer Nutzung machen, damit die Kinder frei in der Entwicklung ihrer eigenen Spielideen sind. Und so ist die Sternenburg immer wieder etwas anderes: Ein Mutter-Vater-Kind-Zuhause, eine Rennstrecke, ein Haifischbecken, eine Polizeistation und ein Beobachtungsposten, ein Ort für Transporte und Konstruktionen, zum Verstecken und Verweilen und Vieles mehr.

Melanie: Ich persönlich bin jedes Mal wieder fasziniert. Ich entdecke immer wieder neue Details, die ich als besonders empfinde. Sie führen zum Beispiel zu einem hohen Maß an Wohlgefühl. Welche Details sind in der Sternenburg zu finden?

Ein Detail der Sternenburg: das Legospiel an der Decke.

Vanessa: Beginnen wir beim Material, Holz. Dieses warme, natürliche Material bringt schon von sich aus Details mit, ist mal gerade, mal krumm, mal Platte, mal Stamm, mal rauer und mal glatter, mit Maserung oder sich ergebenden Mustern.
Eingebaut sind zusätzliche Elemente, in denen Wahrnehmungserfahrungen gemacht werden können, mit ganz unterschiedlichen Inhalten wie Muscheln und Steinen, Wendepaletten, Spiegeln oder auch mal einem Foto eines dahinterstehenden Raumes, so, als ob man durch ein Zauberfenster ins nächste Zimmer schauen könnte.
Es gibt Glaskugeln in unterschiedlichen Farben und Größen, und ich erinnere mich gut daran, wie sich der Sternenburgbaumeister darüber beschwerte: Die Kugeln seien nicht „maßhaltig". Deswegen seien nur manche fest, andere würden sich leider bewegen lassen. Ich erklärte ihm dann, warum ich das aus pädagogischer/psychomotorischer Sicht total gut fand. Und tatsächlich, immer wieder beschäftigen sich Kinder damit, welche der Kugeln sich wohl drehen lassen und warum das bei einigen geht und bei anderen nicht!
In der Sternenburg gibt es offene Bereiche, aber auch kleine und kleinere Höhlen. Damit die Kinder daraus beobachten können, was sich in der Umgebung so tut, haben wir Türspione zweckentfremdet und einfach als getarnte Gucklöcher eingebaut. Die Auf- und Abgänge zu den verschiedenen Stockwerken sind sehr unterschiedlich gestaltet, ebenso die drei Brücken, die hoch oben die drei Bereiche verbinden. Damit stehen die Kinder immer wieder vor ganz unterschiedlichen Herausforderungen, aber auch Möglichkeiten.
Ich könnte ewig von der Sternenburg berichten, aber besser ist es, sie selbst zu erleben. Wer in der Nähe ist, darf gern mal anrufen und vorbeikommen.

Melanie: Vor der Zertifizierung gab es innen wie außen schon räumliche Besonderheiten, wie ein Heckenlabyrinth, ein Baumstammmikado und weitere Einbauten in den Nebenräumen. Ein für mein persönliches Empfinden besonders gelungener Raum ist auch euer „Traumraum". Im Rahmen des U3-Ausbaus in NRW wurden 2008 in vielen Kindergärten „Schlafräume" für Kinder eingerichtet. Manchmal nur Matratzen in Nebenräumen, oft Gitterbetten in Extra-Schlafräumen,

Der Traumraum

doch selten wurde dies pädagogisch-konzeptionell so gelungen gelöst wie hier. Wie gesagt, persönlich würde ich meine Ruhephasen als Kind auch gerne dort verbringen. Warum wurde es genau dieser Traumraum für Ihre Einrichtung?

Vanessa: Bei uns hielten die U3-Kinder erst relativ spät Einzug. Bis dahin hatten wir also schon eine Menge Materialien, Ideen in Katalogen und praktische Umsetzungen von Schlafräumen gesehen und uns war klar, was wir NICHT wollten. Viel zu oft sind solche Schlafräume doch derart unbelebt oder so wenig ansprechend, dass eigentlich niemand dort gern für ein Päuschen reingehen möchte. Manchmal wird der Raum auch für andere Aktivitäten genutzt, was es den Kindern schwer macht: mal darf man hier spielen, mal soll hier Ruhe sein.

Wir wollten einen Raum, der Ruhe ausstrahlt, aber auch gemütliche Details hat und nicht zu steril wirkt. Wir wollten einen Raum, der sowohl Ruheraum für die Mittagszeit als auch alltagstauglich ist, für Entspannungsangebote oder als Rückzugsbereich (im Traumraum finden ausschließlich „ruhige" Angebote statt, wie es eine Kollegin sagte: „Lass die Kinder darin einmal springen und toben, und der Raum ist entzaubert." Und wir wollten ein Wasserbett.
Das Wasserbett war es auch, was die weitere Ausgestaltung der „Liegewiese" vorgab und so entstand eine Podestlandschaft aus quadratischen Schaumpodesten. Hier kann jedes Kind wählen, welcher Platz in dem Moment, an dem Tag der richtige für es ist: Das warme Wasserbett mit seinen Besonderheiten, möchte ich allein liegen, mich mit jemandem zusammenkuscheln, auf einer der hohen Ebenen

Der Traumraum von der anderen Seite

oder bauen wir uns/ich mir ein Nest in eine der niedrigeren Plätze. Die Farb- und (dimmbare) Lichtgestaltung haben wir auf Grün- und Weißtöne reduziert, ebenso reduziert sind die Dekoration und das Material im Traumraum. So stellt sich Gemütlichkeit ein und es gibt Details, an denen sich die Augen festhalten können, gleichzeitig gibt es wenig Reize und ablenkenden Input.

Tatsächlich ist ein Raum entstanden, den Kinder wie Erwachsene sehr gern nutzen und der eine echte Bereicherung für die Einrichtung ist. Übrigens heißt er bewusst Traum-Raum und nicht Schlafraum. Denn um „schlafen" geht es bei uns nicht in erster Linie, sondern darum, zur Ruhe zu kommen. In der Mittagszeit, der typischen Zeit für den Mittags-„Schlaf", gibt es festgelegte, ritualisierte Abläufe, die es den Kindern ermöglichen, im für sie passenden Maße und ohne große Störungen zur Ruhe zu kommen. Für manche Kinder sind das 10 Minuten, andere finden erst nach einer Stunde wieder zurück in die Gruppen, und wer einschläft, schläft eben!

Melanie: Auf den ersten Blick besuchte ich als Qualitätsberaterin eine Einrichtung, die schon sehr viel ihres Potenzials nutzte. Besonders die bereits angesprochenen Holzeinbauten im Flur und den Nebenräumen fanden bei uns Anklang. Die Sternenburg als Zentrum in der Kindertagesstätte regte zum Bewegen, zum Wahrnehmen und Ausprobieren an, zum Bespielen und Erleben. Ein ganz besonderer Mittelpunkt.
Aber es geht auch immer um Weiterentwicklung. Diese Einrichtung hatte sich auf den Weg gemacht und auch die weitere Optimierung der Raumgestaltung sollte nicht vernachlässigt werden, auch wenn dort schon viele gute Projekte zu finden waren.
Und so war es das weiter bearbeitete Raumkonzept, welches bis heute noch deutliche Veränderungen in diese Einrichtung gebracht hat. Hier gab es einige Denkanstöße unsererseits.

Die Außenansicht der Einrichtung zum Beispiel präsentierte sich eher wenig ansprechend, eher abweisend und unpersönlich. Es trug nicht zum Eindruck bei, dass man willkommen sei.

Es wäre lohnend, eine Alternative zu entwickeln, die die Gäste und Besucher mit „offenen Armen“ begrüßt. Was ja dann auch gelang: Dieser Eingangsbereich sollte noch alle überraschen.
Nach unserem gemeinsamen Teamtag ergaben sich neue Pläne. Gerade die Gestaltung des Eingangsbereiches vor dem Haus war eine neue Herausforderung. Die dunklen Schiefer sind im Bergischen Land so normal, dass dieser Bereich nicht als Problem wahrgenommen wurde. Und nun sollte hier besonderer Handlungsbedarf liegen? Wie ging es Ihnen und dem Team mit dieser Aufgabe? Wie entstand nun dieser neue Eingangsbereich draußen?

Vanessa: Die kritische Beurteilung unseres Außengeländes traf uns ehrlich gesagt fast hart. Sie war aber absolut gerechtfertigt und ging ja einher mit konstruktiven Vorschlägen. Aber wir hatten mit der Kritik einfach nicht wirklich gerechnet. Natürlich ist klar, dass es immer Optimierungsmöglichkeiten gibt. Auf unserem Außengelände gab es

für uns tolle Ecken, und für die nicht so tollen Bereiche hatten wir eine klassische Betriebsblindheit entwickelt. Und so war es nur richtig, uns mit der Nase darauf zu stoßen! Ich glaube sogar, dass genau aus diesem geknickten Gefühl, das die Beurteilung ausgelöst hatte, eben die Energie entstand, um diese Bereiche mit viel Kreativität und Schwung anzupacken.
Auch für das Spielgelände gab es schon länger Gedanken und Ideen, für die wir nun den nötigen Antrieb zur Umsetzung fanden.
Den Eingangsbereich und Weg zur Kita allerdings, den hatten wir überhaupt nicht auf dem Schirm. Dieser Bereich, den wir im Prinzip nur 2 × am Tag, beim Ankommen und nach Feierabend, benutzten, hatte bis hierhin einfach keine Rolle gespielt. Und genau das konnte man sehen und spüren.
Durch die Lage, das Gebäude selbst und die begrenzten Gestaltungsmöglichkeiten als Mieter brauchte es schon mehrere Ansätze, bis es zu einer Idee kam, die umsetzbar war und auch genehmigt wurde.
An der schwarzen Verkleidung des Gebäudeteils konnten wir aufgrund der Besitzverhältnisse nichts Wesentliches verändern. Aus Klebefolie entstanden dann allerdings einfach kleine Details in Form von verschieden großen Punkten in Grüntönen, die die dunklen Wände sofort auflockerten.
Dann war es zunächst die Idee von einzelnen Torbögen, die den Weg säumen sollten. Schnell entwickelte sich das aber weiter, sodass ein Pergola-Gang entstand, durch den man nun zur Kita gelangt. Die Grüntöne der Kreise am Haus und die krummen Robinien-Stämme, aus denen Torbögen und Pergola entstanden, passen auch insgesamt gut zu unserem Standort, der sehr ländlich und von Wäldern umgeben ist. Zukünftig soll Hopfen die Pergola beranken, sodass der Weg zur Kita durch einen grünen Blättergang führt.

Während der Bauzeit und den Veränderungen des Eingangsbereiches wurde uns zudem klarer, welche Bedeutung und Wirkung auch dieser Teil der Kita nicht nur für Besucher, sondern auch auf die Kinder und uns haben kann. Und so wurde der Weg mehr als bloßer Zugang, er wurde nicht einfach nur schöner, sondern wir fanden sogar die Möglichkeit zu spaßiger, psychomotorischer Aktivität. Wie? Na, die

dort verlegten Waschbetonplatten konnten wir nicht einfach austauschen. Was wir aber gemacht haben war, einzelne Platten durch Fallschutzplatten zu ersetzen, natürlich passend grün. Selbst wenn man nun morgens im Halbschlaf den Weg entlangschlurft bereiten die Unterschiede zwischen den harten Platten und der Fallschutzoberfläche den Füßen erste Wahrnehmungserfahrungen. Und weil das schon fast wie „Hüpfekästchen“ aussah, haben wir mit Farbe Fußspuren auf den Weg gemalt, die nun auf dem Weg vom und zur Kita nachgelaufen werden können ... natürlich nicht einfach geradeaus, sondern solche,

denen man nachhüpfen kann, manchmal nur auf einem Bein, manchmal rückwärts, mit im-Hüpfen-seitwärts-drehen oder nur auf Zehenspitzen.

Ich hätte nicht damit gerechnet, dass dieser Eingangsbereich einmal so einladend aussehen würde!

Melanie: Der Eingangsbereich war ein sehr großes Projekt. In den Innenräumen sahen wir zunächst Möglichkeiten und Bedarf für Hänge-

und Schaukelkonstruktionen im großen Bewegungsraum. Als Idee kam auch ein Durchbruch zur Sternenburg in Frage, um weitere Erfahrungs- und Nutzbereiche freizusetzen.

Aber auch für die Gruppenräume ergaben sich neue Perspektiven.

Diese nahmen wir tendenziell nüchtern wahr, es gab Möglichkeiten sowie Notwendigkeiten einer veränderten Raumaufteilung. Daneben transportierten die Räume noch keine Assoziationen zu den gewählten Gruppennamen: fantasievolle Ideen zu den Namen „Trollwald" und „Drachenburg" könnten mehr Charakter und Gestaltungsideen in die Gruppenräume bringen, Licht und Farbe würde hier helfen.
Eine wunderbare, kreative und fruchtbare Zeit begann, an einem Teamtag erarbeitete das Team gemeinsam mit den Referenten der Rheinischen Akademie Ideen für die Gestaltung der Gruppenräume. Viele Ideen wurden gesucht, überlegt und gefunden. Das Team fand gemeinsam schöne bewegungs- und wahrnehmungsfördernde Anregungen für den Gruppenalltag, im Nachgang auch für die dekorative Ausgestaltung. Wir erlebten ein motiviertes Team, das gemeinsam mit Freude und Eifer an der Gestaltung der Räume arbeitete. Wie habt ihr das empfunden?

Vanessa: Wir sprechen hier ja bisher viel über relativ groß wirkende Projekte und Entwicklungen. Zur Erinnerung, damit niemand den Eindruck hat, man könnte einen Zertifizierungsprozess nur mit so großen Dingen schaffen, sei nochmal gesagt: einige dieser vorgestellten Dinge gab es schon vor der Zertifizierung, einige waren schon mehr oder weniger auf dem Weg. Und am Ende sind es eigentlich auch sehr viele kleinere Dinge, auf die einen der Prozess aufmerksam macht und die so viel Wirkung haben!
Und so wurde unser Augenmerk nochmals anders auf die Details gelenkt: was macht den Raum der Troll-Gruppe zu einem Trollwald? Woran erkenne ich, dass der Drachen-Gruppenraum die Drachenburg ist?

Es war die Aufmerksamkeit fürs Dekorative, die große Auswirkung auf den Wohlfühlfaktor und auch auf die Identifizierung der Kinder und KollegInnen mit „ihrer" Gruppe hatte. Selbst bei der Licht- und Farbgestaltung fanden wir einen Weg, völlig unkompliziert wirkungsvolle Effekte zu erzielen: einzelne Glühbirnen der Deckenbeleuchtung tauschten wir aus und bauten farbwechselnde LED-Birnen ein. Dank Fernbedienung und unendlichen Einstellungsmöglichkeiten kann nun das Licht ganz zielgerichtet an einzelnen Stellen in ganz unter-

schiedlichen Farben und in seiner Helligkeit wechselnd auf die Trolle und Drachen wirken.
Mit der Einrichtung und Aufteilung der Gruppenräume hatten wir tatsächlich ohnehin ein wiederkehrendes Thema, weswegen wir uns bei einem Team-Tag mit den Referenten der Rheinischen Akademie genau mit der Raumgestaltung beschäftigten.
Was möchte man als ErzieherIn mit der Gestaltung der Räume, insbesondere des Gruppenraumes eigentlich erreichen? Natürlich soll er zweckmäßig sein, verschiedene pädagogische Aspekte abdecken und einiges mehr. Aber ganz ehrlich: vor allem wollen ErzieherInnen doch quasi, dass die Gruppe irgendwie „ruhig" ist, harmonisch läuft und kein Tohuwabohu ausbricht. Was dabei bei uns immer wieder herauskam waren Umräum-Aktionen, von denen wir uns die tollsten Effekte erhofften ... nur um am Ende wieder zwischen Kindern zu sitzen, die anders wuselten und sich anders bewegten, als wir uns das überlegt hatten.

Die gezielte Auseinandersetzung mit unserer Raumgestaltung aus psychomotorischer Sicht veränderte den Blick aller KollegInnen enorm. So nahmen wir sowohl bei der Materialauswahl als auch bei der Einrichtung und Aufteilung der verschiedenen pädagogischen Bereiche bewusst bewegungsfördernde Elemente und Ansätze in unsere Raumplanung auf, die wir zielgerichteter „positionierten" und so dem Bewegungsdrang der Kinder anders entgegenkommen konnten. Im Ergebnis konnten wir so die Bewegungsfreude und damit auch die Lautstärke im Raum ganz anders lenken und für uns selbst anders bewerten. Nach einigen Jahren des nie zufriedenstellenden Umräumens fanden sich endlich Lösungen, die richtig gut funktionieren!

Melanie: Da gibt es in der Kindertagesstätte zum Beispiel im Flurbereich die große Sternenburg, das neueste umgesetzte Projekt ist ein recht hoher Baum-Ausguck mit Wendelrutsche im Außengelände. Es

Das neue Baumhaus mit Wendelrutsche

ist klar, dass ich aus meiner Sicht von außen natürlich nach dem Aspekt Sicherheit fragen muss. Wie gehen Sie und das Team mit dem Thema Risiko um? Lassen Sie für die Kinder in ihrer Einrichtung Risiken bewusst zu? Wie sehen Eltern das?

Vanessa: Risiken halten wir tatsächlich für wichtig und sie ermöglichen den Kindern, bewusst damit umzugehen! Versteht mich nicht falsch, „Risiko" ist nicht gleich „Gefahr"! Eine Risikosituation macht mich vielleicht nervös, ich brauche Mut und muss mich überwinden, es einzugehen und damit umgehen zu lernen. Ich kann mir möglicherweise auch wehtun, richtig. Trotzdem muss man in der Kita natürlich genau abwägen, welche Gefahren mit den einzugehenden Risiken einhergehen. Daher sind alle Einbauten und auch der neue Baum-Ausguck normgerecht und entsprechend geltender Sicherheitsvorschriften gebaut. Dennoch ist es uns wichtig an Grenzen zu gehen, z. B. so hoch, offen oder auch schmal und eng wie möglich zu bauen. Warum? Weil das den größtmöglichen Effekt hat! Und weil ich nur im Umgang mit Risiken auch Risikokompetenzen ausprägen kann, die mich dann sicherer werden lassen! Wenn ich immer gesichert bin, nie falle, oder immer nur abgefedert und weich lande, woher weiß ich dann, wie gut ich mich festhalten muss, wie ich mich abfangen kann und wie sich das alles eigentlich anfühlt? Sogar die Unfallkassen haben ein breit aufgestelltes Verständnis von Risiken und Gefahren in Kitas und vertreten die Haltung, dass man sich auch mal wehtun dürfen muss.
Für das Verständnis der Eltern ist an dieser Stelle natürlich Kommunikation unerlässlich, wir erklären es genau wie gerade dargestellt. Mit dieser Transparenz wird Eltern nicht nur der Hintergrund verdeutlicht, sondern ihnen wird klar, dass wir die Risiken sehen und bewusst damit umgehen.
Natürlich hat jede Mitarbeiter*in ein unterschiedliches Maß an Toleranz dafür, wie viel Risiko er/sie persönlich aushalten bzw. für die Kinder zulassen kann. Wir haben uns so geeinigt, dass alle KollegInnen damit zurechtkommen können. Es gibt Dinge, die sich eindeutig (z. B. aufgrund von Sicherheitsvorschriften) als gefährlich darstellen und damit auch einfach ausgeschlossen sind. Es gibt aber auch

Dinge, die sicherheitstechnisch ok sind, nur für die/den Einzelne/n schwer aushaltbar. Diese Dinge begleiten eben die Kolleg*innen, die das in Ordnung finden. Wem das „zu viel“ ist, nimmt zur Kenntnis, dass die Kinder es tun und schaut weg. „Wegschauen“ nicht im Sinne von Ignoranz, nicht wahrnehmen oder sich nicht darum kümmern, sondern tatsächlich in eine andere Richtung gucken (oder je nach Situation eine andere Person dazu holen, die es aushalten kann). Damit ist die Situation dennoch begleitet und den Kindern wird die Risiko-Erfahrung zugestanden, aus der sie so viel lernen können!
Es ist aber auch in Ordnung den Kindern zu sagen, dass man weiß, dass sie etwas Bestimmtes schaffen können, man selber das aber nicht aushalten kann und sie es deswegen gerade nicht tun sollen. Wichtig ist uns in dem Fall den Kindern deutlich zu machen, dass wir an sie und ihre Fähigkeiten glauben, die Unsicherheit in dem Moment aber bei uns liegt und nicht bei ihnen.

Melanie: Jetzt frage ich immer wieder nach sehr großen Projekten in Ihrem Haus. Diese sind natürlich über die letzten 10 Jahre entstanden und umgesetzt worden. Es stellt sich aber auch die Frage nach der Finanzierung solcher Projekte. Gab es besondere Möglichkeiten, die Sie genutzt haben? Können Sie einen Tipp geben?

Vanessa: Neben der Kreativität, aus der die Ideen entstehen und mit der sie sich weiterentwickeln, ist für mich der wichtigste Motor: Überzeugung! Wenn ich Etwas wirklich richtig finde und davon überzeugt bin, finde ich Mittel und Wege. Wenn ich selbst so richtig überzeugt von der Idee bin, finde ich auch leicht gute Argumente, um z. B. Teammitglieder, Eltern, Träger oder auch mögliche Sponsoren zu überzeugen, sie mitzureißen.
Daneben gilt: **Think/Dream big!** Bei größeren, besonderen Projekten ist schneller deutlich, dass die Kita das nicht aus den normalerweise zur Verfügung stehenden Mitteln bewältigen kann und daher Hilfe bei der Finanzierung oder der Organisation von Geldern benötigt. Außerdem sind solche besonderen Vorhaben auch für mögliche Geldgeber (auch den Träger!) interessant, weil sie öffentlichkeitswirksam genutzt und zum Beispiel in der Presse präsentiert werden können.

Teilt eure Ideen und Wünsche mit! Je mehr Leute sie hören, desto größer ist die Wahrscheinlichkeit auf jemanden zu treffen, der bei der Umsetzung behilflich ist. Die Idee und den Wunsch nach einem Baumhaus z. B. hatte ich schon lange. Über Jahre hinweg habe ich das unserem ‚Holzwurm', der für uns die tollsten Spielhäuser und Geräte auf Spielplätzen, aber eben auch Sternenburg und Co. gebaut hat, ins Ohr gesäuselt. Ich glaube, er hat das eine Weile nicht so richtig ernst genommen oder für möglich gehalten. Aber steter Tropfen höhlt den Stein, und irgendwann erzählte er mir von einer Baumplattform-Projektanfrage zu einer Kooperation mit einem Baumspezialisten (der witziger Weise aus einem Nachbardorf kommt), und dass das an der Stelle nicht geklappt hatte. Das war meine Chance! Ich habe die Geschichte aufgegriffen und ihnen die Möglichkeit geboten, ihr modellhaftes Projekt bei uns umzusetzen, Gelder organisiert und siehe da: ein Traum wird wahr!

Eine neue Bewegungsbaustelle für das Außengelände.

Traut euch, Geld auszugeben ... auch wenn es im ersten Moment so aussieht, als wäre es nicht für die Kinder. Typisch für unseren Beruf ist es ja oft, alles direkt auf die Kinder zu beziehen. Aber eigentlich hat jede Investition in das Gesamtkonstrukt „Kita" Auswirkungen auch auf die Kinder, siehe z. B. die Geschichte unseres Eingangsbereiches. Sogar ein besonders gestalteter Personaltoiletten-Raum kann etwas bewirken und neben der Zweckmäßigkeit für einen kleinen Moment des Durchschnaufens für die Mitarbeitenden sorgen, die nach dieser auch nur winzigen Erholungspause doch wieder lockerer zu den Kindern zurückkehren.

Melanie: Ich hatte sehr viel Freude bei der Begleitung von Ihnen und Ihrem Team. Es ist immer eine Herausforderung solch einen Prozess zu machen, aber die Zertifizierung der Kindertagesstätte hat gezeigt, dass es sich lohnt. Ich weiß aus eigenen Erfahrungen: die Zertifizierung ist fast zweitrangig, denn es geht uns um eine gute pädagogische Arbeit. Dabei wollen wir die besten Entwicklungsmöglichkeiten für die Kinder erreichen.
Was ist das Fazit aus der Erfahrung der Zertifizierung zur anerkannten psychomotorischen Kindertagesstätte für Sie?

Vanessa: Ich würde es immer wieder anpacken! Ich persönlich halte den psychomotorischen Weg für genau den, den wir heute in einer modernen Pädagogik gehen sollten. Sich im Zertifizierungsprozess (noch) weiter zu professionalisieren, die Augen zu öffnen und die Einrichtung nochmal bewusster wahrzunehmen und sich so weiter zu entwickeln empfanden wir als extrem bereichernd. Und so finde ich es auch gut, dass das Gütesiegel nicht einfach einmal erlangt wird und dann für alle Zeiten gültig ist. Nein, alle drei Jahre begibt man sich in eine Re-Zertifizierung und bleibt damit sicher in Bewegung ... ganz im Sinne der Psychomotorik eben!

www.anne-frank-kita.de

Literatur

Aktionsbündnis „Bewegungskindergarten Rheinland-Pfalz (2005): Der Bewegungskindergarten Rheinland-Pfalz. Standards für das Qualitätssiegel

Antonovsky, A. (1997): Salutogenese. Zur Entmystifizierung von Gesundheit. Tübingen: Dgvt-Verlag

Ayres, J. (1984): Bausteine der kindlichen Entwicklung. Berlin-Heidelberg: Springer

Bauer, D.; Evers, W.; Otto, M.; Walk, L. M. (2016): Förderung exekutiver Funktionen durch Raumgestaltung. Bad Rodach: Wehrfritz

Beins, H.; Cox, S. (2001): Die spielen ja nur!? Psychomotorik in der Kindergartenpraxis. Dortmund: borgmann publishing

Bertelsmann-Stiftung (2012): Die gute und gesunde Kita gestalten. Referenzrahmen. Gütersloh

Bruner, C. et al. (2001): Partizipation – ein Kinderspiel? Beteiligungsmodelle in Kindertagesstätten, Schulen, Kommunen und Verbänden. Berlin: Bundesministerium für Familie, Senioren, Frauen und Jugend

Chiazzari, S. (2007): Farbe! Farbe! Farbe! Mehr als 65000 Kombinationen zum Ausprobieren. München

Fischer, S.; Fröhlich-Gildhoff, K. (2013): Kinder stärken, Resilienzförderung in der Kita. Kindergarten heute 3/2013, S. 16 ff., Herder/Freiburg

Förderverein Psychomotorik Bonn e.V. (2010): Bewegungsspaß mit Wirkung. Erfahrungen und Perspektiven der psychomotorischen Förderung. Dortmund: borgmann publishing

Franz, M.; Vollmert, M. (2005): Raumgestaltung in der Kita. München: Don Bosco

Fuchs, M. P. (2018): Hengstenberg Spiel- und Bewegungspädagogik. Freiburg: Herder

Haug-Schnabel, G.; Bensel, J. (2006): Kinder unter 3 – Bildung, Erziehung und Betreuung von Kleinstkindern. Kindergarten heute Spezial; Freiburg: Herder

Hüther, G. (2010, 6): Anleitung für das menschliche Gehirn. Vandenhoeck & Ruprecht: Göttingen

Jost, M.; Beins, H. (2013): Bewegung und Spiel für die Kleinsten. Dortmund: *BORGMANN MEDIA*

Kükelhaus, H. (1975): Fassen – Fühlen – Bilden. Organerfahrungen im Umgang mit Phänomenen. Gaia, Köln

Kükelhaus, H. (1982): Entfaltung der Sinne (mit Rudolf zur Lippe). S. Fischer, Frankfurt am Main

Lange, U., Stadelmann, T. (2001): Das Paradies ist nicht möbliert. Räume für Kinder. Neuwied-Berlin: Luchterhand

Lange, U.; Stadelmann, (2017): Kunst ohne Dach. Künstlerisches Arbeiten im Freien. Verlag das Netz: Weimar

Lange, U. (2019): Das Außengelände als Bildungsort. Kindergarten heute, 4/2019 Herder: Freiburg

Lensing-Conrady, R.; Neumann-Opitz, N. (1998): Vom Roller zum Fahrrad. Verkehrswachtforum, Heft 6

Lensing-Conrady, R. (2001): Von der Heilsamkeit des Schwindels. Gleichgewichtswahrnehmungen als Motor für Entwicklung und Lernen. Dortmund: borgmann publishing

Lensing-Conrady, R. (2015): Erfahrungs- und Wohlfühlräume für Kinder – Raumgestaltungsvorschläge für Kindertagesstätten und Horte aus psychomotorischer

Sicht. In: Praxis der Psychomotorik, Heft 2 – 2015, S. 2 ff.

Lensing-Conrady, R. (2019): Die psychomotorische Kindertagesstätte – Leitfaden zur Zertifizierung als „Anerkannte psychomotorische Kindertagesstätte", Dortmund: verlag modernes lernen

Lensing-Conrady, R. (2021): Entdeckerfreude im Garten – Das Kita Außengelände für und mit Kindern gestalten. In.: Praxis der Psychomotorik, Heft 4-2021, S. 238 ff.

Lindinger, G. (2012): Kinder Abenteuer Garten, Naturnahe Spielräume gestalten, Freiburg: Herder

Louv, R. (2005): Last child in the wood. New York

Oberholzer, A., Lässer, L. (2003): Gärten für Kinder. Ulmer: Stuttgart

Pikler, E. (2001): Lasst mir Zeit: Die freie Bewegungsentwicklung des Kindes bis zum freien Gehen. Pflaum: München

Rathmann, K.; Hurrelmann, K. (2018): Leistung und Wohlbefinden in der Schule. Beltz: Weinheim

Reggio Children (Hrsg.) (2992); Hundert Sprachen hat das Kind. Das Mögliche erzählen. Kinderprojekte der städtischen Krippen und Kindergärten von Reggio-Emilia. Neuwied

Renz-Polster, H., Hüther, G. (2013): Wie Kinder heute wachsen. Natur als Entwicklungsraum. Beltz: Weinheim

Rönnau-Böse, M.; Weltzien, D. (2013): Inklusion und Resilienz – besondere Aspekte des Spiels. In: Kindergarten heute, Wissen kompakt spezial: Das Spiel des Kindes. S. 42 ff., Herder/ Freiburg

Sächsisches Staatsministerium für Kultus (2018): Bildungsraum Garten – Naturnahe Außenräume in Kindertageseinrichtungen und Kindertagespflege, Dresden

Schäfer, G., Rosenfelder, D. (2012): Natur und Umwelt. Cornelsen Verlag Scriptor: Berlin

Schäfer, G. (2016): Selbstbildung, Erfahrung und Lernen in der frühen Kindheit. Juventa

Schönrade, S. (2012): Kinderräume-Kinderträume. Dortmund: borgmann publishing

Schwarzer, A. (2011): Schaukelfee & Klettermax. Spielgeräte im Wald für Kinder. Pro Business: Berlin

Seeger, C. (2009): „Innenräume" im Kindergarten und der Grundschule naturnah gestalten. In: Motorik 4/2009, Schorndorf: Hofmann

Späker, Th. (2017): Natur – Entwicklung und Gesundheit. Handbuch für Naturerfahrungen in pädagogischen und therapeutischen Handlungsfeldern. Schneider: Baltmannsweiler

Starmer, A. (2006): Enzyklopädie Wohnen mit Farben, Köln: Fleurus

Stern, A. (2008): Der Malort. Daimon: Einsiedeln

Thomas, U. (1994): Das Varussell – viel Bewegung auf kleinem Raum. In: Praxis der Psychomotorik Jg. 2, S. 102 ff., Dortmund: verlag modernes lernen

Unfallkasse NRW (2010): Sicher bilden und betreuen – Gestaltung von bewegungs- und Bildungsräumen für Kinder unter 3 Jahren, Düsseldorf

Unfallkasse NRW (2012): Lärmprävention in Kindertageseinrichtungen

Ungerer-Röhrig, U. (Hrsg., 2011): Bewegungsförderung. Kindergarten heute, Themenheft; Freiburg: Herder

Ungerer-Röhrig, U.; Quante, S. (2012): Klettern in Kitas. Bericht Universität Bayreuth von der Beek, A., Buck, M., Rufenbach, A. (2001): Kinderräume bilden. Ein Ideenbuch für Raumgestaltung in Kitas. Weinheim-Basel: Beltz

von der Beek, A.: (2008): Bildungsräume für Kinder von Null bis Drei. Berlin: Verlag das Netz

Vetter, M.; Kuhnen, U.; Lensing-Conrady, R. (2008): RisKids – wie Psychomotorik hilft, Risiken zu meistern. Dortmund: borgmann publishing

Viernickel, S.; Voss, A.; Mauz, E.; Schumann,M. (2014): Gesundheit am Arbeitsplatz Kita. Ressourcen stärken, Belastungen mindern. Unfallkasse NRW, Prävention in NRW Band 55. Düsseldorf

Walk, L. M., Evers, W. (2013): Fex – Förderung exekutiver Funktionen. Bad Rodach: Wehrfritz

Zimmer, R. (2015): MOT 4 – 6. Motoriktest für 4 bis 6jährige Kinder. Göttingen: Hogrefe

Zimmer, R. (2019 a): Handbuch der Sinneswahrnehmung. Freiburg: Herder

Zimmer, R. (2019 b): Handbuch Psychomotorik. Theorie und Praxis der psychomotorischen Förderung. Freiburg: Herder

Zimmer, R. (2002): Schafft die Stühle ab. Freiburg: Herder

Zimmer, R. (2022): Der Bewegungskindergarten. Freiburg: Herder

Interessante Anregungen zum Thema Außengelände finden Sie auch hier:

Diverse Schriften der Unfallkassen der Länder und der Deutschen Gesetzlichen Unfallversicherung zu Naturnahen Spielräumen, Außenspielbereichen und-geräten, Giftpflanzen u. a. m.

von der Beek, Angelika (Video: 2016) Kindergarten im Wandel. Weimar: Verlag das Netz

Beratungsprojekte und Fortbildungen zur Raumgestaltung werden von der Projektgruppe PRAEGUNG© der Rheinischen Akademie im Förderverein Psychomotorik Bonn e. V. angeboten:

Anschrift: Wernher-von-Braun-Str. 3, 53113 Bonn, Tel: 0228 243394-0

rudolf.lensing-conrady@psychomotorik-bonn.de

Fotonachweis

Rudolf Lensing-Conrady Titelfoto, 15, 16, 28, 35, 38, 39, 42, 43, 44, 46, 48, 49, 50, 53, 54, 55, 59, 61, 62, 63, 65, 68 oben, 69, 70, 72, 73, 75, 76, 77, 78, 79, 81, 82, 83, 89, 90, 91, 92, 94, 95, 96, 97, 98, 99, 100, 101, 102, 108, 109, 111, 112, 113, 114, 115, 117, 120 oben und unten rechts, 122, 123, 127, 130, 131 oben, 133, 134, 137, 141, 143, 144, 145, 147, 150, 157, 159, 160, 161, 162, 163, 164, 165, 166, 167, 168, 169, 170, 172 oben, 174, 180, 181, 187, 192, 196,

Hans Jürgen Beins 19, 22, 56, 87, 125, 135, 136, 138, 139, 153, 185,

Gottfried Schilling 25, 57

Kita Mozartstr. Stolberg 31, 67, 131 unten

Stichwortverzeichnis

Beratungsprojekte und Fortbildungen zur Raumgestaltung werden von der Projektgruppe PRAEGUNG© der Rheinischen Akademie im Förderverein Psychomotorik Bonn e.V. angeboten:

Anschrift: Wernher-von-Braun-Str. 3, 53113 Bonn, Tel: 0228 243394-0

rudolf.lensing-conrady@psychomotorik-bonn.de